不安我心

45帖跨越困境的禪宗智慧，帶您尋找安心的快樂法門

鄭栗兒 著

好讀出版

目次

心中無事

海闊天空

本來面目

煩惱不起

萬物合一

狂心若歇

鄭栗兒

再也沒有比這個世紀、這個時代更奢華、更富裕，也更混亂、更焦躁不安的了！

人心浮動，物欲橫流，人們的貪婪如洪水猛獸。

資本主義創造出各種各樣的大量商品垃圾，全球化造成大規模的流行疾病和金融風暴。而經濟不斷成長與財富不斷累積，更是一道集體制約的緊箍咒，迫使人們非得窮其一生、卯足全勁瘋狂追逐，一旦落人之後，被拋在群體之外，心便無法平靜；但即使在群體之中，也沒好過到哪裡去，因爲努力維持不墜已經是很辛苦的事，更何況要一直不停地成長下去，不停地累積數字。

多年前，捷克作家米蘭．昆德拉在他所著的小說《緩慢》中有這麼一段敘述：「那些民謠小曲中歌詠的漂泊英雄，或者遊蕩於磨坊、風車間，在星座下酣睡的流浪者，他們到哪裡去了？」

套句捷克的諺語：「悠閒的人是在凝視上帝的窗口。」而現在，上帝的窗口還開著，可那些悠閒凝視的人，早已消失在每一日車水馬龍製造的龐大廢氣中，速度成為人們追求快感的興奮劑，不斷地刺激感官神經。

即使如此，你快樂嗎？你自在嗎？

為什麼在每一天醒來睜開眼的剎那，總有一種「什麼事將發生」、迫在眉睫的隱憂呢？為什麼在上班途中，等待捷運開門的一瞬，胸口會泛起陣陣莫名的焦慮呢？明明手中提著好幾袋才從百貨公司血拚的戰利品，心底卻仍感到「我還少一樣」的空虛；就算是無事的假日時光，也覺難以承受的無聊，以及有什麼工作我還沒做好而惶惶不可終日。

不管你在哪裡，你都不在那裡，而是趕著前往腦海中描繪、計劃的另一個理想所在（一個家、一個旅行國度，或是一個職位、一頓美食……），現有的一切不算什麼，只有到了那個理想所在才可以眞正鬆一口氣，讓心安歇下來，但那個理想所在是永遠不存在的，因爲當你抵達後，你就準備拋棄它，再去別處，你永遠無法滿足。

你花了一輩子在追求，很快的你老了或病了，卻沒辦法接受這一切——平淡無奇的生活和病痛憂鬱的煎熬。

你該怎麼做？

佛教有句教誨：「狂心若歇，歇即菩提。」

得道，不是你有多麼高深的禪定功夫，而是能將這顆被妄念所縛的狂心停止、安定下來，不再被野馬般的念頭牽著到處跑，這樣你才能得到眞正的快樂，成爲自己的主人。

收錄在本書的每一則禪師智慧，也可以成爲你的借鏡和指引，這些歷久彌新的禪宗故事，在現今混亂的世界中更顯得無比珍貴，有如闇暗夜色中一顆顆發光的水晶球，帶領我們步出心魔交奏的狂想曲，走進寧和悠然的當下，抬起頭，終於瞥見天空中久違的上帝的窗口。

心藥方

鄭栗兒

很多人都知道石頭希遷是唐朝機鋒銳利、數一數二的禪師，平時不說話則已，一開口就要人狠狠地滑一跤，就要你放下所有頭腦，徹底去領略「禪」的本質，所以才有「石頭路滑」的美名。

如此「酷」到極點的修道者，大半生隱居在石頭上的茅篷草屋，遠離塵世，照說對人間世事應是不予理會、全然超出世外的，但是他曾以一則〈心藥方〉贈予當時蟄伏南嶽深山、即將返京復職的宰相李泌，後來流傳到市井街巷，成爲至今誰都能朗朗上口幾句的濟世文。

這首詩偈是這樣的：

慈悲心一片、好肚腸一條、溫柔半兩、道理三分、信行要緊。中直一塊、孝順十分、老實一個、陰騭（ㄓˋ，默默行善）全用，方便不拘多少。

……以前十味，若能全用，可以致上福上壽，成佛作祖。若用其四五味者，亦可以滅罪延年，消災免患。各方俱不用，後悔無所補，雖扁鵲盧醫，所謂病在膏肓，亦難療矣；縱禱天地，祝神明，悉徒然哉。況此方不誤主雇，不費藥金，不勞煎煮，何不服之？

表面看來，這確然是一則教化人心、勸人爲善且用來經營生活的文章，但是別忘了石頭希遷可是一位了不起的大禪師，所以這帖〈心藥方〉最重要的作用是：對治我們心裡那隻跑來跑去的猴子，也就是在日常的行住坐臥間下功夫，面對外境現起時，能隨時察覺心念的起伏，並回歸善的本質根處：慈悲、老實、溫柔……。

而石頭希遷之所以寫下〈心藥方〉送給李泌，其實也是鼓勵李泌——禪或者佛法，並非在遙遠的森林深處及無人的邊境島嶼才能實踐，才可得到心靈的平靜，而是在瑣碎煩擾的生活中，與一群難搞的人、難辦的事、難爲的處境（再有比朝廷更複雜的所在嗎？）共同成就的。如果不是這樣，禪或者佛法，也就沒有存在的價值，更有違當年佛陀悟道後住世轉法輪的初衷了。

二〇〇九年九月末的一個下午，我打了通國際電話到彼岸上海，給一位失聯已久的知名旅行攝影作家老友，從二〇〇五年我自聯合文學執行副總編輯退位以來，兩人未曾聯絡。他以爲我已經過著完全隱遁的閉關生活（只差沒有出家），從此不再復出編輯檯，甚至連所有電話號碼都更換了，徹底把過去統統

Delete掉，只知道我在爲法鼓文化創作二十六本《大師密碼》套書……。

說得也沒錯，雖然電話號碼沒有更換，但我很少與人聯絡，除非必要；也確實不再當一名朝九晚五的編輯人，變成在家寫作接案的Soho族。

很幸運能接到法鼓文化賦予我的使命，花費整整三年的時間（二〇〇五～二〇〇八），心無旁騖地撰寫一百三十位歷代高僧故事，從佛陀、十大弟子……到中國、日本經典的禪師人物。這項創舉，我想在我臨死之前回顧一生的所作所爲時，必定可以記上完美的一筆，死而無憾了。

這其間，我的瑜伽鍛鍊（非單指體位法，而是融入「生命之流」的瑜伽鍛鍊）進入到另一個階段，從氣功中領略萬物合一的境界，靜坐時也慢慢有一點定力，但頭腦的妄念還是像溪流一般滔滔不絕，只是對於負面能量的調伏、不與之相應的能力變得更強一些。

尤其經過二兩年來心輪的不斷擴展，我的心胸比以前更加開闊，更具有正面能量去處理細微的感懷悲傷之類的情緒。所謂的浪漫感性即是如此，但很多人不知道那樣的「感時花濺淚」，縱然是一種眞情流露，卻也是一種負面心緒，經常去串習的話，對生命只會多所黏膩而執著。過去，我就是這類「感情用事」的壞例子。

到了二〇〇九年三月，有一個不可思議的緣起出現，我意外去到台北深坑的山間，參加由泰國禪師隆波通親自指導的內觀禪七。

要怎麼形容那一次奇妙的經驗？在歷經好幾日與無聊、昏沉、妄念抗衡的痛苦過程後，我終於在最後一晚的行禪中，嚐到一點點「道」的滋味了！終於歇下心頭那些莫名的緊張、不安，在時間的流動片刻自在、自由了！

我這樣說，太籠統了！而且那境界也不是語言所能形容。

從佛陀對著大迦葉尊者拈花微笑開始，歷代禪師著重的都是「實修實證」，一如純眞如赤子的隆波通所言：「不管讀了多少的經典，如果沒有把自己這一部經典讀懂，外在的經典讀得再多，還是沒辦法瞭解經典的意義。」

禪七結束，從寧靜的自然山林回到喧囂的台北市區，當車子從北二高滑進敦化南路時，我開始感到暈眩不已，不知身在何處，強大混亂的磁場能量，一波波襲來，令我招架不住。

在安和路25度C咖啡館喝下午茶時，瀏覽久違的報紙，發現所有字體都在眼前跳舞，根本無法讀進字裡行間。

儘管身體覺知的力量還算厚實，但很快就被周遭給侵蝕，一個禮拜後，那種清明感已經消失大半，不到一個月喪失殆盡，可見外境的負面干擾有多麼強盛，如果沒有每一日、每一時、每一分都保持在正念中，外境洪流一下子就把你吞沒了。特別是現下物質能量發展之迅速、規模之龐然，簡直是隻無法抵禦的大猛獸，更別提我們都是多麼懶惰又好逸惡勞的人。

我想起一位同修好友說，他每天得費多少工夫清潔脈輪的能量。之前，我很難體會他那種情況，現在終於明白了。但是明白了，並不代表你從此太平盛世，得到一張免除人生困境的門票。相反的，更多苦與無常的考驗像海浪一般，一波波密集地襲來，把你打得體無完膚，看你是眞的超越了，還是一時Shopping的快感而已。

創作這本《我心不安》，闡述歷代禪師的吉光片羽，等於是服下另一帖清心沁脾的心藥方，讓我在面對各種考驗時很快地放鬆下來，回到每一天的喝茶吃粥中，品嚐平凡的滋味。當初執筆《大師密碼》套書時，是以兒童爲閱讀對象，所以許多深奧的禪理必須設法說得簡潔容易，如此三年磨礪下來，使我在書寫這本書時得到不少的方便，而且可以較暢所欲言地描繪每位禪師所體悟的精髓。又因爲個人的能力有限，而禪的境界無限，故我選擇一貫簡雅的文學筆觸、詩語風格，著墨於眾人耳熟能詳的「禪師故事」，而非「禪宗公案」；此外，一些解析的義理，如果有所偏差或者無法賅括其意處，也請包容見諒。

身爲作者，完成這本書最大的意義是——希望透過每一位卓爾不凡的大禪師淬煉過的金石智慧，來鼓舞我們這些深陷煩惱、念頭的凡夫，當遇到生活中種種困難的處境時，該用什麼樣的態度來面對、處世，進而轉一個彎，看見蔚藍的海洋。而我們總是焦躁不安、難以平靜的心，原來早在數千年以前，偉大的慧可二祖就有過這樣狂烈的經歷。

回到之前所說的那通電話，其實這些年我雖沒有刻意地閉關，但與自己長時間獨處的過程中，因爲失去了繁華絢爛的浮木可以攀附，只剩下背後一堵堅實的內在石牆，擋著你無路可退，於是你非得接受人生種種的枯索無味不可，卻也反觀到人生的眞實與眞諦。

電話那端的友人，堅信五十歲以後他還是可以活得很有活力，我相信。每個人延展其生命力量的方式都不同，有人以旅行，有人以享受，也有人以簡樸……。而我呢？因爲一些些接觸禪的小小體驗，使我對於現在或未來的自己，不管在什麼老了、病了、死了、困頓了、潦倒了的狀態，也總算能盡力地泰然處之了，就算失去所愛與所有，包括自己的身體，但無限的生命卻依然能讓我們擁有星星、月亮、太陽，以及整個永恆的宇宙。

最後，就以桂琛禪師的話語做爲總結：「若論佛法，一切現成，無處不是佛法。」

祝福每一位。

※**關於瑜伽體位法**，有一次瑜伽師資班的老師列印一篇文章給我們，非常地受用。因爲有太多人用錯誤的方式練瑜伽，在此將摘錄整理後的「瑜伽心要」供養大家，希望原作者一同隨喜：

1 人要先感受環境的能量、感受道的能量，讓這股能量流入體內。當進入某一所在，讓自己先靜下來，與那個磁場交流，而不是慌張的或者急著走過，要學習完全地融入。

2呼吸，永遠在體位法之前，或者在做任何事之前，讓自己更加專注、覺知，打開與宇宙連結的點，達到合一境界。

3意圖決定了品質，而非只是擺擺樣子而已。你的意圖決定了今天的瑜伽體位法，究竟是要達到合一，還是健身而已，當然人生也是如此。

4當下的體位法有無意義，就要看你每一刻、每一動作是否全力以赴。這也可以延伸爲任何正在經驗的事物，或者你的工作等等。

5體會周圍的道，相信每一個當下都是恩典的給予，每一個現象都是智慧的顯現，隨時隨處與喜悅、光明共舞，學習自在的靜處。

心中無事

什麼是好日子？什麼是壞日子？
你的壞日子，很可能是別人的好日子。
心中無事，不去罣礙好與壞，
自然擁有寬廣遼闊的世界。

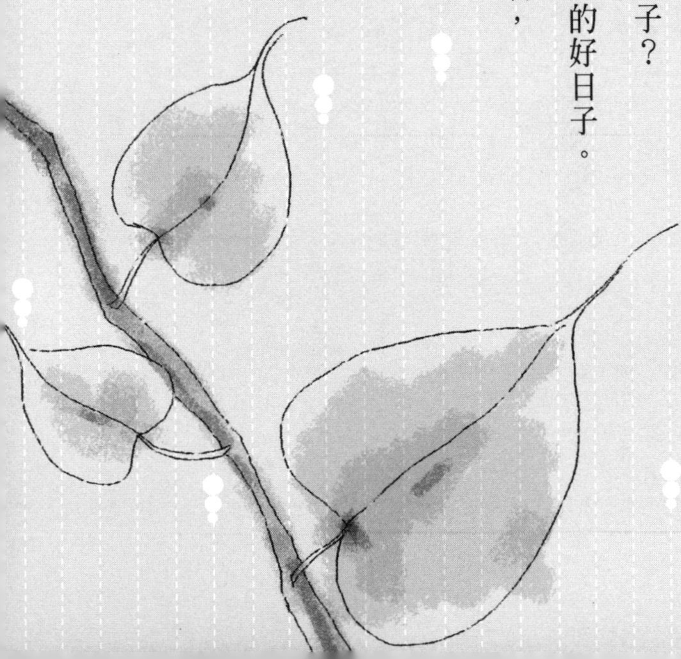

喝茶吃粥。

河北趙州有一座觀音院，裡頭住著一個頂有趣的和尚，叫做從諗禪師，是唐朝非常著名的高僧。

他在南泉普願座下得道後，便以一雙芒鞋，踏遍群山遍野，四處遊學，足履直達無人能及的雲端峻嶺。

就這樣，一走就是二十年的行腳生涯，像片流動的雲一樣隨遇而安。

直到八十歲時，老人家才總算願意在趙州觀音院住下來，繼續過著安貧樂道的日子。當然，也吸引了各地學僧，專程跑來這郊外的鄉下地方向他參禪。

外在的旅行雖然停止了，但是內在的旅行，卻還是在晨昏之間，每一天都在進行著。

每一杯茶，都有它的味道，就看你怎麼去喝它。

從簡單平凡的日常生活中，靜靜去體會生命所展現的實相，正是趙州從諗禪師的禪法心要：「平常心是道」。

而這一位幽默而活潑的老禪師，不時會冒出極有意思的話語，點出人們內心的困惑茫然，他的眼睛總是能張望到一個永恆奇妙的世界。

有一天，一位慕名而來的學僧，風塵僕僕地跑來觀音院拜見老禪師。

沒想到趙州從諗卻不是一個愛說教的師父，他什麼道理也沒說，只神情怡然地問著：「你以前來過這裡嗎？」

學僧恭敬地回答：「來過了！」

趙州從諗點頭說：「那吃茶去吧！」

學僧只好捧著一碗茶一旁喝去了。

不久，又來了另一名要請教佛法的學僧，趙州從諗一樣問他：「你以前來過這裡嗎？」

這名學僧回答：「沒來過！我第一次來這裡。」

趙州從諗聽後，依然不爲所動，還是叫他：「吃茶去。」

這時，管理觀音院的院主聽不下去了，疑惑萬分地問老禪師：「師父，來過的，您叫他去吃茶，沒有來過的，您也叫他去吃茶，這究竟是什麼原因呢？」

趙州從諗不回答他的問題，只大聲喊著：「院主。」

院主趕忙回應：「在！」

趙州從諗看著他說：「吃茶去。」

該喝茶就去喝茶，不必囉嗦！在茶碗中細細品味人生的百般滋味，所有的道理都包藏在一碗茶中，何必再說。眾人的佛性平等，都有一碗茶喝，哪分什麼誰來過誰沒來過。

趙州從諗的茶這麼有名，後來人們送給他的別號，就是「趙州茶」。

喝了茶，再來吃粥。

這回來了一位比較有悟性的學僧，一見到老禪師，拱手作揖地自謙說：「學人我還是相當地迷昧，請師父指點一二。」

趙州從諗換了問題：「早晨吃粥了嗎？」

學僧的肚子是飽的，便說：「吃過了。」

趙州從諗又說：「洗缽去。」

話才落下，學僧忽然就領悟了老禪師的話中含義。

粥吃完了，自然就去洗碗，佛法本來就是這麼自然的事情，想那麼多，說那麼多，又有什麼用？想多了，說多了，就是所謂的執迷不悟。

老老實實地活在屬於自己的日子裡——既不跟隨念頭起舞亂轉，抱怨東、抱怨西；也不盲目地追逐外界的物質誘惑，以爲是快樂——這即是禪的眞諦。

你今天喝茶吃粥了嗎？來一碗吧！

隨他去。

有二十年的時光，趙州從諗禪師像一個流浪漢一樣，在整個中國漂泊著。

當他開始雲遊四海時，已經是快六十歲的老先生了，是什麼原因讓他非走不可？而且，一走還走到八十歲，才肯停下腳步。

從二十歲起，他就跟隨南泉普願禪師習禪將近四十年，是南泉普願的眞傳弟子。

也許有人會覺得很奇怪，跟同一個師父學那麼久的佛法，究竟學了些什麼呢？

有一回，學僧問他：「南泉普願禪師究竟傳了什麼樣特別的法門給您呢？」

趙州從諗答非所問地應了一句：「鎮州盛產大蘿蔔。」學僧聽得都愣住了。這是說什麼呀？

所謂的特別，即是有別於尋常的例外，這也是大家都在追求的東西，每一個人都希望自己很特別：穿得特別、吃得特別、用得特別，連想得都很特別。

而「鎮州盛產大蘿蔔」是當時大家都知道的稀鬆平常之事，就像現在大湖盛產草莓、基隆盛產雨水的道理一樣，如此平凡，一點都不特別。

但趙州從諗並不是隨便說說，他的意思是南泉普願所傳的禪法別無其他，任何的事物與人世起伏遭遇，今天下雨、明天出太陽，都要用平常心去看待它們。

也就是內心不要有分別心，「平常心是道」的意思。如果沒有轉念，沒有改變自己的心，而一再被華麗的欲望給牽引，只會讓自己離快樂愈來愈遠。

活潑風趣的趙州從諗，不僅回答問題如此直率，連他決定浪跡天涯，也是一句「隨他去」，就讓他放下一切，奔波了二十年。

有一天，一位初學佛法的學僧，向趙州禪師提出一個問題：「宇宙也有成住壞空四大劫數，到了末劫時候，整個宇宙都毀滅了，我們這個肉身還會在嗎？」

趙州從諗回答：「會壞。」

學僧又問：「那我們該怎麼辦呢？」

趙州從諗順口便說：「隨他去！」

可是事後趙州禪師卻愈想，心愈不安，覺得這樣的回答並不妥當，可是又想不出更好的答案。

別的事可以隨他去，但關於「生從何來、死從何去」的生命本質，就不能任意地隨他去了！就要去尋個內心的徹底明白，找到本來面目。

於是，在「只爲心頭未悄然」的情況下，五十七歲的老人家發揮求道的精神，穿著一雙草鞋便外出了，跋涉千山萬水，四處尋訪名師，留下了這則「一句隨他語，千山走衲僧」的著名公案。

他曾在雲居禪師那裡掛單①，雲居禪師看他年紀這麼大了，還沒個落腳處，便勸他：「你何不找個長居久住的地方，專心修行呢？」

趙州從諗反問他：「哪裡是長居久住之處呢？」

雲居禪師指著前方說：「山前有一座廢棄的寺廟，你把它整修整

---

①遊方僧侶投寺寄宿。

修，就可以住進去了。」

趙州從諗卻笑說：「那和尚怎麼不自己去住？無處不是修行處，我又何必貪戀一個住處。」說完，又繼續他的旅程。

直到最後，趙州從諗總算在觀音院止步了，那時他已高齡八十，並對自己多年行腳的心得下一結論：「及至歸來無一事，始知空費草鞋錢。」

這句話的意思是：等到歸來時，一無所獲，才知道白白浪費了草鞋的錢。原來生命的答案就在自己的心間，不假外求。

眞的是這樣嗎？如果沒有透過一次又一次的自我追尋，哪裡會知道幸福的青鳥就在自己的家門口？

一個人要勇於尋找自己的故事。

聽說老禪師一直活到一百二十歲，被稱爲「趙州古佛」。

人生的束縛。

山上多風，天氣變化無常，就像人生的起伏不定一般。

儘管冬天呼嘯而過的冷風，如冰刃滑過，凍得令人難以忍受，但是在燠熱的夏日裡，山上的風，卻又像清涼的雨露，迅速消解暑氣。

這一晚的風，吹拂過安徽池陽的南泉山，把禪院的一千棵松樹全都撩撥了一遍，發出動人的天籟音聲。

正在散步的普願禪師，對身旁的弟子喟嘆說：「夜來好風！」

弟子也應答：「夜來好風。」

話才落下，禪堂門前的松樹被接續而來的強勁夜風，吹斷了一根樹

---

①意念、思想、感情的內在思維。

枝，掉落在地上。

老禪師順手撿起，又說了一句：「吹折門前一枝松。」

跟在後頭的學僧，也同樣說：「吹折門前一枝松。」

老禪師點點頭，對弟子的表現感到滿意。

對於這些外在現象的緣起緣滅，他只任運隨緣，如實面對，並無摻雜好惡喜樂等等的妄想心識①，算是通過了老禪師的考驗。

過兩天，同樣的風再度吹起，這時師父身邊換了另一名弟子，老禪師一樣又說：「夜來好風！」

這弟子一聽，知道老禪師是在考試了！爲了表現聰明，故意回問：「是什麼風？」

是東風、西風、南風，還是北風？是疾風、大風、烈風、狂風、暴風，或是颶風？

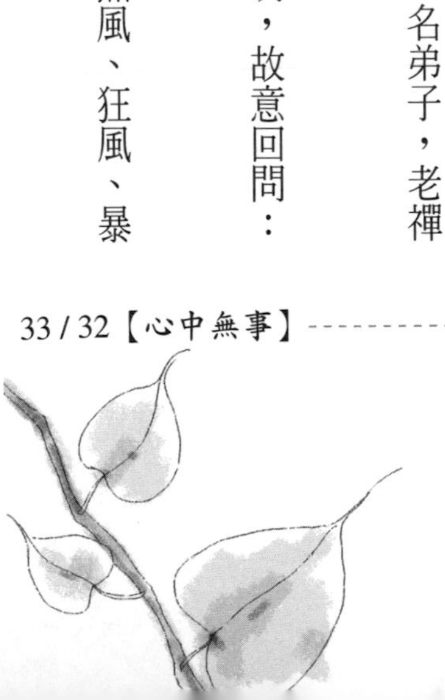

這弟子的心，當場被外境所迷，腦子裡紛紛冒出許多念頭。

風不小，啪啦一聲，又吹斷了一根松枝，老禪師接著說：「吹折門前一枝松。」

弟子隨即應道：「是什麼松？」反問師父：「是哪一棵松樹的樹枝被吹斷了？」

禪師笑而自語：「一得一失。」

得的是之前從境界跳脫出來的弟子，失的是此刻隨境界流轉不停的弟子。

念隨境轉，正是一般人常犯的毛病，這也是人生的束縛。

不久，宣州的刺史陸亙大夫專程來到南泉山，向足不出山的普願禪師請教禪法。

他熟讀經論，也算是一個有慧根的人，所以特地用一個比喻，做爲提問：「就像古人在瓶子裡，養了一隻小鵝，後來鵝慢慢長大了，出不了瓶子。請問禪師，如何能在不毀壞瓶子和鵝的情況下，讓鵝脫身而出呢？」

這段話的意思是：我們的心就像鵝一樣，在小的時候非常地單純，無憂無慮，沒有任何的罣礙，可是等到長大後，心也愈來愈大，裝著各種不同的想法和欲望，當然也會被窄狹的瓶子束縛得無法解脫，像這樣子該如何是好呢？

普願禪師並不直接回答問題，只喚了聲刺史的名字，陸亙趕忙應道：「在這兒！」

只見普願禪師微笑地說：「這不就出來了嗎？」陸亙立刻開解，明白禪師的含意。

鵝象徵著眾生被貪、瞋、癡、慢、疑所餵養的心，瓶子則是生活中

遇到的各種情境，只要我們能夠安住在當下：「我在這兒！」讓心和當下結合，不去妄想一切，就既沒有心、也沒有瓶子，只有這一刻活著的自己，自然也就沒有所謂的束縛和救鵝（求解脫）的問題了。

這重重的人生束縛，無非是自找的麻煩，自己爲自己尋來的煩惱。

誰危險呢？

時間的河流，靜靜流過森林裡每一個古老的夜晚。

春天去了，秋天來了；候鳥南飛了，然後又北返；種子長成了大樹，延伸成林海。

隨著時間，有許多樹紛紛傾倒，只有這一棵千年松樹，依然獨立在湖北秦望山，瞭望遙遠的過去。

枝葉繁茂，樹幹盤曲，看起來就像是一個巨蓋。

有一天，一位漫遊的禪師晃盪到了西湖，他的眼力極好，一眼就瞧見遠山外的這棵松樹，他笑了！

過兩天，禪師徒步來到巨松下，像猴子一樣爬到樹上。

他躺在厚實的樹幹上，看著星星和月亮，看著曠野和雲海，看著喜鵲鳥飛來築了一個巢，便決定也在這棵樹定居下來。

時間的河流繼續流著，人們開始流傳著一則故事：「有位莫測高深的道林禪師，和鳥一起住在森林深處的大松樹，他眞是一個奇怪的和尙。」

漸漸的，人們改叫他「鳥窠道林」禪師，也有人稱他「鵲巢和尙」。不時也有人跑來向他請教佛法，就這樣，樹上的禪師聲名遠播，連剛出任杭州太守的唐朝大詩人白居易，也慕名前來。

他站在樹下，頭仰得高高的，朝上吶喊：「道林禪師，您在嗎？」心裡卻驚呆了，眼前這棵高達數十公尺的巨大松樹，高聳無比，相較之下，正在樹頂打坐的禪師卻顯得十分渺小，萬一不小心摔下來，後果可

---

①亦作「無明」，因煩惱而引起的怒火。

眞不堪設想。

他不禁爲禪師捏了一把冷汗，便說：「師父，您住在樹上實在太危險了！」

道林禪師卻不以爲意，聲音從上面落下：「誰危險？我看你的處境才危險。」

白居易愣了一下，笑答：「我身居官位，是地方上的太守，出入都有士兵保護，怎麼會危險呢？」

樹上又傳來道林禪師悠悠的嘆息：「正因爲你身居官位才危險，要知道『薪火相交，識性不停』。」

白居易疑惑地問：「什麼意思？」

道林禪師緩緩解說著：「官場間的勾心鬥角，起起伏伏，就如同一堆交疊的木薪，稍一不愼，一把無明火[1]就把它給燒光了，而且爲官的

人終日忙於權術，心識也跟著外境奔流不停，反而容易消昧了靈性。」

聽完禪師這番深奧的道理，白居易如夢初醒，趕緊再問：「那麼請教禪師，什麼是佛法大意？」

道林禪師丟了一首偈子：「諸惡莫作，眾善奉行，自淨其意，是諸佛教。」

意即：「所有的壞事都不要去做，所有的善事都要奉行，淨化自己的每一個心念，這就是佛法的眞義。」

原以爲道林禪師會說出更高妙的禪理，沒想到竟然是一般老生常談，白居易不免輕率地說：「這話連三歲的孩童都會說哩！」

道林禪師又說：「是呀！雖然三歲的孩童都會說，但八十歲的老翁卻不一定做得來。佛法最重要是去做，不是說說而已。」

白居易恍然大悟，內心既慚又愧，對禪師更加佩服得五體投地，他再度叩首致謝，才帶著一顆領悟的心步出森林。

回去後，他又寫了一首佛偈送給道林禪師：「特入空門問苦空，敢將禪事叩禪翁；爲當夢是浮生事？爲復浮生是夢中？」

鳥窠道林也回了他一首：「來時無跡去無蹤，去與來時事一同；何須更問浮生事，只此浮生是夢中。」

然後樹上的禪師進入夢中，變成一隻最初飛過的鳥。

每一天都是好日子。

日子像流水一樣滑過，總是讓人感懷著美好的曾經不再。

就像每一次的旅行在路上，浩瀚的風景瞬間消失於汽車的後視鏡，抓不了也留不住，怎麼辦？即使拍攝下來的照片，也只是到此一遊的紀念罷了！

在中國禪宗擁有「雲門一字關」稱號、向來以一個字道破禪意並教化學人的唐末五代雲門文偃禪師，曾說過一句流傳至今的千古名言，可以做爲解答。

有一天，正是農曆十五日月圓之時。

剛要步入禪堂的雲門文偃，忽然停下腳步，抬起頭望著天空中那一輪銀幣般的皎潔明月。

然後，他一進門，便問在場所有的弟子：「十五日已前，不問汝。十五日已後，道將一句來。」

也就是：「十五以前的日子，已經過去了一半，就不必再問你們了！我只問十五以後是什麼日子，請你們用一句話來說說看。」

弟子們一聽，個個不知該如何回答，十五日過去了，自然就是十六日，這是大家都知道的事情，但不一定是老和尚要的答案。

也有人接著思緒：一個月有三十天，十五日過去了，表示一個月已經過了一半，在那些消逝於早晚的時光中，自己做了哪些事，遇見了哪些人，又有哪些是幸運順遂的大好時光，哪些是倒楣透頂的最壞時光……。

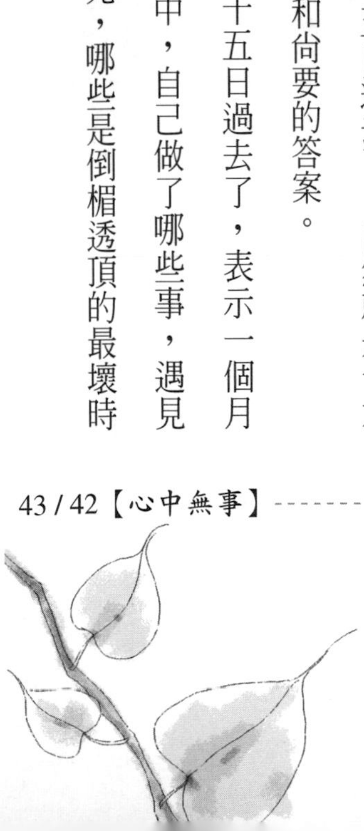

還有人計劃著：那剩下來的另一半日子，我可要做哪些事，和哪些人見面，哪些是諸事不宜的壞日子，哪些是天氣轉晴的好日子，可以曬曬被子……。

眾人陷入一片沉默的長思。

眼看弟子們答不出來，文偃禪師只好自己替他們回答：「日日是好日。」弟子們一聽，個個面面相覷，慚愧自己悟性太差。

這句「日日是好日」，可眞回答得絕妙無比！

什麼是好日子？什麼是壞日子？

你的壞日子，很可能是別人的好日子。

而且，不管時間流逝了多少，那些過去都已成爲斑駁的歷史，縱使曾經壯闊，也化爲無痕，縱使曾經驚駭，也不再掀起波瀾，有的只是你的空想延續造作而已。

可是，沒有關係，我們還有此刻啊！及時把握眼前的時光，管它月圓月缺或是晴天雨天，每一個片刻都可以成爲生命中最美好的印記。

時鐘移動的每一格，都是同樣的一秒鐘，每一秒鐘都是平等的，並無差別，是我們用外在的變化去看待它們。

所以，一個修行者並不會對過去的華麗抓取不放，或對未來的輝煌多所期待，而是珍惜眼前的每一個日子。

而一個深諳禪法的人，更不會執著於什麼是好日子，什麼是壞日子，盲目地追逐顛倒夢想。只把每一天都當做是最好的日子全然地活、眞實地過，不去分別怎樣才是優渥生活，粗茶淡飯也可以嚐出另種美味。

每一個人的日子，自會呈現日子本身要我們去學習的含義。

日日是好日，就是向你的生命慶祝：「是！我接受這一切，一切都

有它的道理。」

今天下雨，是好日子。

今天出太陽，也是好日子。

在每一個好日子裡，用一樣的歡喜心去迎接吧！

從無開始。

清福好享嗎？

當忙碌的時候，人們總盼望能早日享受清福，果真閒逸下來時，是不是也會沒事做地發慌呢？

要享清福須有一顆重新歸零、從「無」開始的心，願意像孩子一樣，張大活潑好奇的眼睛，重新發掘這個世界之美。

「無」這個字是「沒有」的意思，人們窮其一生一直在追求「有」，有一位禪師卻在「無」中開悟了。

許多年來，南宋禪師無門慧開馬不停蹄地尋師問道，卻還是找不到自己契入的法門，最後他來到江蘇平江府的萬壽寺，參見黃龍宗派的月林師觀禪師。

「你就從趙州禪師的『無』字話頭去參吧！」月林禪師這麼說。

趙州禪師有一則著名的公案：「狗子有佛性也無？」

也就是一名學僧問他：「狗有佛性嗎？」

趙州禪師先說：「無！」

學僧疑問：「從諸佛到螻蟻，都有佛性，爲什麼狗沒有？」

趙州回答：「因爲牠還有『業識』[1]存在。」

又有另一名學僧問同樣的問題：「狗有佛性嗎？」

趙州卻說：「有！」

學僧反駁說：「既然有佛性，爲什麼還會當狗？」

趙州解釋道：「因爲牠習氣不改。」

---

①業識，有業凡夫的心識。

②③行禪即經行，一種以步行代替打坐的禪定修行方法。

趙州「無」字公案從此聲名大噪，爾後自黃檗希運禪師開始，便要求弟子們參此公案，要他們去發現「無」背後的意義，這回月林禪師也叫無門慧開從此字切入。

於是從早到晚，無門慧開都和「無」字在一起，不管是穿衣吃飯，甚至是如廁睡覺，任何的行住坐臥，他都緊緊守著這個字，專心參究。

如此匆匆六年過去，什麼事都沒有發生，他還是一無所獲，內心雖然煎熬，卻更加促使他勇猛精進，跑到佛前發誓：「若稍睡眠，我身爛卻。」

就在這樣的決心下，他幾乎不睡覺地一路苦參，疲憊到極點時，不是用頭去撞柱子，就是跑到佛殿外面的長廊去行禪[2]。

有一天，他正在禪堂經行[3]時，就在一片靜寂間，從遠方齋堂傳來一陣陣密集的鼓聲，就像一波波的海浪襲捲而至，始終解不開的疑惑頓

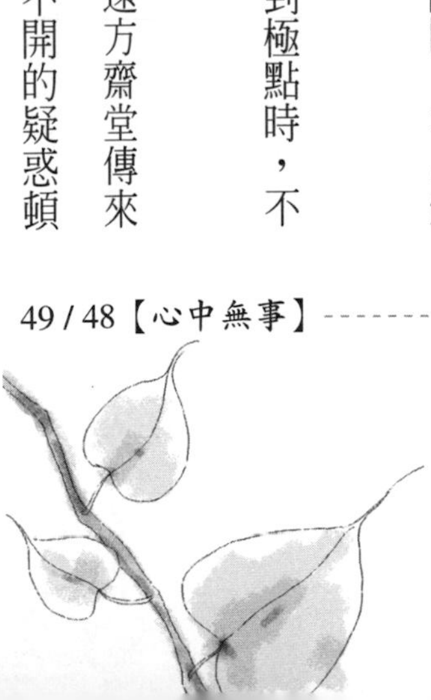

然化爲無形，「無」字融入在偌大的空無之中。

忽然，他明白了，明白這個「無」字，既不是有無的無，也不是虛無的無，而是無住（沒有執著）、無念、無相、無善惡、無分別心。

第二天，月林禪師印證了他開悟的心境，卻故意喝他一聲，無門慧開知道自己已經得道了，毫不客氣地回喝師父一聲，兩人哈哈大笑。

後來無門慧開特地彙編四十八則歷代禪宗公案，集爲《無門關》一書，此後「無門關」成爲禪門鍛鍊禪師契悟的一種修持法，也就是以「無」爲法「門」。

在《無門關》的第十九則，無門禪師還留下了一則曠世詩偈：「春有百花秋有月，夏有涼風冬有雪；若無閒事掛心頭，便是人間好時節。」

春天有繁花美景，秋季有明月高照，夏天有清風徐來，冬日有冰雪滿天。
不管在什麼時候，只要心中沒有世俗之事罣礙著，就是人間的好時節，也就可以好好地安享清福了！

沒有功德。

熱暖的西南季風，從遙遠的孟加灣自海洋一路襲來，風勢強勁，蘊藏某種「非如此不可」的命運訊息，連乘風北返的燕子們，也被吹震得必須更加賣力揮舞羽翼，才能跟上隊伍。

尾隨其後的，則是一艘風帆張揚的外國船隻，上面載著一位神祕的旅行者。

船穿越了麻六甲海峽，往北滑入當時是魏晉南北朝的震旦中國，停靠在廣州海域的某一處碼頭。

旅行者結束了漫長的海上行程，踏上他期待已久的龍族土地。

---

① 大梵天王以金色波羅花獻給佛陀，當時佛陀拈花示衆，不發一語，座下百萬人天，不知所措，只有大迦葉破顏微笑，佛陀便說：「吾有正法眼藏，涅盤妙心，實相無相，微妙法門，不立文字，教外別傳，咐囑摩訶迦葉。」從此，禪便在拈花微笑中誕生了，禪宗初祖即為摩訶（大）迦葉。

這位神祕的旅行者，曾經是南天竺香至國的王子，然而現在他已不是這個身分了！世界上有一種東西，超越了財富與尊貴，爲了追求這樣的東西，本名爲菩提多羅的王子，放棄了華麗的王位和所有的一切，全力地去尋找它。

他找到了嗎？

是的！他找到了！他找到的這個可貴東西叫做：禪的智慧。

現在他的身分是印度禪宗二十八祖，繼承當初佛陀傳給大迦葉尊者「拈花微笑」的心印①；而他的新名字就叫菩提達摩，也就是「覺法」的意思。

爲什麼菩提達摩要來中國呢？

這個問題，也成爲後來禪宗參悟的話頭。

達摩來中國的理由很簡單，他的老師二十七祖般若多羅，在達摩得

法時跟他說過一段預言：「你雖然得法了，但還不可以遠遊，最好待在南天竺，等到我入滅六十七年後，你再前往震旦（中國）弘揚禪法，將會大有所成。」

此外還吩咐他：「到了中國時，千萬不要待在南方，因爲那裡只會做表面工夫，卻不見佛法，不宜久留。」

般若多羅果然是一位先知，就在他死後六十七年，整個天竺陷入混亂局面，佛教逐漸式微，禪法要能持續不墜，只有轉往中國發展，而達摩正肩負這個重責大任。

達摩抵達中國的消息，隨著沸騰的風聲傳到南朝梁武帝的耳裡，這位篤信佛教、熱愛做佛事的皇帝，趕緊命番禺（廣州）刺史蕭昂將他迎入建康京城，他要好好向這位天竺大師當面請教佛理。

其實不是請教佛理，而是確認一些事情。

---

②佛教中，稱「以證得阿羅漢果為終極理想」的宗派為「小乘」，小乘又分聲聞和緣覺兩種。天人，指仙人、神人；佛教「六道輪迴」即為天、人、阿修羅、畜生、餓鬼、地獄。天又有欲界天、色界天、無色界天之分。天人衆雖福重壽長，仍未了脫生死，而小乘是已從六道輪迴解脫者，但仍不及菩薩、佛大乘的圓滿究竟。

梁武帝見到達摩，提出的第一個問題是：「朕即位以來，造寺、寫經、度僧，不可勝數，請問我有什麼功德呢？」

布施、供養是佛教中廣修福報的方式之一，梁武帝以其帝王之尊，所能扶持的佛教盛事，自然比一般人超出更多，對此，他一向沾沾自喜，心想自己必定功德無量，只是不知道無量到多少，還要向達摩確認一下。

沒想到達摩回了句：「沒有功德。」

梁武帝愣了一下，以爲自己聽錯了：「怎麼會沒有功德呢？」

達摩平和地說：「這些功德，只是小乘、天人的果報而已，並不究竟②。就像影子一樣，看起來好像有，其實是不存在的。」

梁武帝疑惑地又問：「那如何是眞功德？」

達摩回答：「淨至妙圓，體自空寂，這樣的功德無法從世間求。」

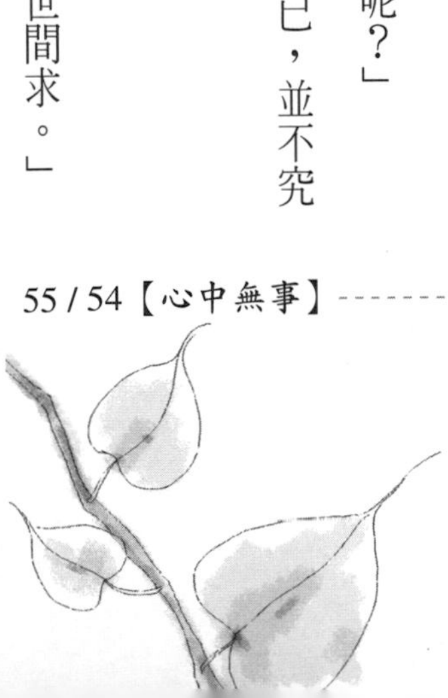

達摩所說的，是指禪修開悟的狀態，要自己努力去修證，達到自性圓滿的空寂境界，才是眞正的功德；而且佛經也說「不住相布施」，才是布施的眞義。

不服氣的梁武帝，決定考考達摩：「什麼是聖諦第一義？」③

達摩答了四個字：「廓然無聖！」

就像虛空一般，沒有什麼是最神聖的，心性如果不執著，自然無凡聖之分，什麼都是平等的。

梁武帝心想：「怎麼會沒有最神聖的，否則我這個皇帝又算什麼！」他氣得火冒三丈地吼著：「那在我面前的究竟是誰？」

只見達摩搖頭說：「不知道！」

既然兩人話不投機，無法契合，達摩只好自行求去，他心想南朝是待不下去了，只有北渡長江到魏朝，另覓機緣。

---

③「諦」是真理之意，聖諦是聖者所證悟的真理。佛教中，分為真諦及俗諦義理。真諦明空，俗諦明有，真俗不二就是聖諦第一義。

④請參考〈階級是空〉一文的末段文字。

於是達摩在長江邊上，以一葦渡江，漂泊到嵩山少林寺，在寺後的五乳峰石洞進行長達九年靜坐壁觀苦修，終日默然不語，等待一個「不受人欺的人」。

最後，他成爲中國禪宗的初祖，開啓中國禪宗「一花開五葉」④的繁華盛景。

我心不安。

下雪的晨曦，輕輕的，在幽寂山間，清晰可聞白雪降落的悄然之聲，宛如一首緩慢抒情的序曲。

這一場雪下了多久？在不經意間一點點地堆積、堆積，早已過了及膝的高度。

在雪中，有一個人佇立在山洞口外，任由紛飛的雪淹沒他的腳、他的身體。

從雪開始下的那一刻，他就站在這山洞口，等候洞內老禪師的回應，雪下了多久，他就站了多久。

在雪中，他反覆告訴自己：「古人求道，不僅刺血濟饑，甚至投崖飼虎，比起他們，我又算什麼，即使大雪將我掩埋了，也絕不退轉。」有什麼原因，讓這位名叫神光的中年僧人非如此堅持不可呢？

因爲一場夢的關係。

神光曾經是位飽讀詩書的洛陽少年，在遍覽群書後，終於發現一件事，那就是：「縱使世間的學問都讀透了，卻還是無法窮盡宇宙的眞理。」

於是，他便出家爲僧，深入各種大小乘的教義，三十三歲時，他又返回香山故居，靜坐八年時光。

有一晚，他做了一個夢，夢裡的聲音說：「往南走，必遇一師。」

第二天，他隻身出發，往南而行，要去尋找這一位老師。走到了冬天來臨的寒冷季節，他的足履踏進嵩山少林寺。

聽說寺後的五乳峰石洞，有一位天竺來的高僧達摩，已在洞內面壁默坐長達九年之久。有一回送飯的僧人一進洞內，還發現達摩大師竟然不見了，可牆上竟分明出現他靜坐的影子。

神光忽而明白他的老師在哪裡了，他尋尋覓覓將近半輩子，答案就在他眼前這座很容易忽略過去的山洞。

當他抵達洞口時，這場雪就開始下了。洞內的達摩知道有人來了，卻沒有叫他進來，連對方的叫喚也不理會。

曾經有人問達摩：「你來中國是爲什麼？」

他回答：「我在等一個不受人欺的人。」

如果沒有經過一些考驗，怎會知道誰是不受人欺的人呢！一個不受人欺的人，其心志必然剛強堅毅，且堅定不移，如此之人才能抗衡劣境，爲禪宗開創新局。而徹夜徹夜守候在洞口的神光，正在經歷這項毅力的考驗。

好幾天過去了，達摩終於開口：「年輕人你一直站在那裡，究竟要求什麼？」

神光眼淚流出來：「請求大師開示甘露法門，以利眾生。」

神光的懇求，卻換來達摩輕蔑的笑聲：「諸佛妙道要能不以身爲身，不以命爲命，才能求得，不是一般小德小智的人所能求的，你就別白費心思了。」

神光聽後，從懷裡取出一把利刃，當場把自己的左臂給砍斷，表明他求法忘軀的決心。

達摩大受感動，知道神光正是自己在等待的人，嘆了一口氣說：「諸佛最初求道，爲法忘形，今天你在我面前斷臂，道已可以求。」並賜給神光三個法寶，一是法號慧可，二是禪宗傳承的衣缽，三是《楞伽

經》四卷。

接著慧可跪在達摩面前問道：「請老師告訴我諸佛心印的法門？」

達摩回答：「諸佛心印的法門無法從別人那裡得到。」

慧可又說：「我的心不安，請老師爲我安心。」

達摩伸出手：「把你的心拿來，我就爲你安心。」

說完，慧可恍然大悟，好一陣子才回神說：「弟子找遍了，就是找不到心。」

達摩點頭說：「是呀！我已經爲你安心了！」

心要是能摒棄外緣，不去動念、沒有妄想，就能像達摩面前這堵如如不動的牆。

已得達摩神髓的慧可，這回眞的安心了。

從心下功夫。

唐朝開元年間，有一天，南嶽衡山的般若寺來了一個四川和尚。

這個和尚長得很奇特，牛行虎視，引舌過鼻。

也就是走起路來像牛步行一樣，腳步堅實緩慢；看人的時候，眼睛就像老虎一般，目光銳利有神；更厲害的是，他的舌頭長到可以繞過鼻子，而且腳底還長了兩個輪紋。

這麼怪異的一個奇人，來到般若寺後，卻什麼話也不說，也不讀經書，或者向人請教佛理，只管每天在山中草庵打坐。

這一坐，也坐了很長一段時間，看起來禪定的功夫應該修練得不

錯，連懷讓禪師都風聞寺裡來了這號人物——俗姓「馬」的馬祖道一。

懷讓的老師六祖惠能，曾經向他說過的話，此時忽然浮現腦海：「向後佛法從汝邊出，馬駒踏殺天下人。」

懷讓禪師笑了笑，心裡有譜地走到馬祖道一面前，看他一動也不動，像根木頭一樣。開口便問：「你整天打坐，圖個什麼呢？」

馬祖道一回答：「當然是圖個做佛呀！」

話才說完，懷讓禪師彎腰撿起地上的一個磚塊，然後在庵前的石頭上磨了起來，這個舉動連怪人馬祖道一都覺得怪極了。

他好奇地問道：「師父，您磨磚做什麼？」

只見懷讓禪師很認眞地在磨磚，額頭都冒出汗水：「我要把它磨成鏡子。」

馬祖道一忍不住笑了出來：「磚塊哪能磨成鏡子啊！」

---

①無相三昧，指自在無礙的境界。有形相者，稱為「有相」；無形相者，稱為「無相」，無相是指一切諸法無自性，本性為空，無形相可得。三昧，又稱「三摩地」，心住一處即是三昧。

懷讓禪師鬆開手，看著馬祖道一說：「磨磚既然磨不成鏡子，你成天枯坐就能坐成佛嗎？」

馬祖道一當場愣了一下，趕忙下座：「那該如何是好？」

懷讓禪師回問他：「好比駕著牛車上路，要讓車子動的話，是要打車，還是打牛呢？」

馬祖道一不語，老禪師接著說：「你學坐禪，爲了成佛。學坐禪，可是禪並不僅只打坐的樣子而已，想成佛，可是佛並非一成不變的形相。一切法都是空的、無住的，不應有所取捨，拘泥於表面形式。你要是執著於身體坐禪成佛，而不用心，只是把佛給殺了，卻不能得到眞理。」

經懷讓禪師這一番醍醐灌頂的教誨，馬祖道一立刻向老禪師拱手作揖：「要如何用心，才能契合無相三昧①？」

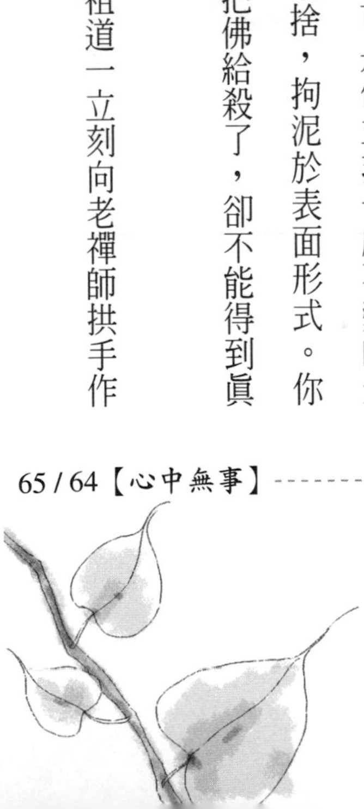

懷讓禪師指出一條明路：「你要學習心地法門，就像播下一顆種子，而佛法的法要，正如天降的甘霖雨澤，當因緣和合時，便能見道。」

什麼是心地法門？意即把我們的心視為大地，心即是佛，佛即是心，從心下功夫，達到究竟圓滿之境。

馬祖道一疑惑地問：「道無形無色，可以見嗎？」

懷讓禪師回答：「心地的法眼可以見道，也可以了知無相三昧。」

馬祖道一又問：「道也會成住壞空嗎？」

懷讓搖頭：「真正的道是沒有形相的，所以也沒有成壞之分。」

接著他又說：「來！我告訴你一首佛偈：心地含諸種，遇澤悉皆萌。三昧華無相，何壞復何成！」

馬祖道一一聽，豁然了悟，爾後他留在懷讓禪師身邊十年，承襲了

「即心即佛」和「平常心是道」等玄奧的禪理，並運用活潑的禪機，將南禪佛教帶向巔峰局面。

海闊天空

農夫將一株株青色秧苗插滿田間，
低頭插秧便看見田中水面倒映的天空。
爲人若是謙虛柔軟，能夠低下頭來，
自然擁有一片海闊天空。

心就是佛。

心是什麼？

心有時是一早晴燦明朗的朝陽，有時是午後下起的陰霾大雨。

心還是一首淪陷情緒的歌，或者是一長串脆弱易感的嘆息。

心常常抱怨：這個世界太糟糕；也常常批評：這樣做得不夠好。

心不時計劃著、盤算著——下個月要去英國，明天要開一個會，後天要和誰見面，該賺取多少財富，要工作到多久，這個人對我有什麼好處……。

心總是覺得自己太孤單了，沒有人能了解，沒有一個理想的對象，願意傾聽自己的長篇大論和滿腹牢騷。

心的念頭像溪水一樣川流不停，也像馬路上各式各樣的車子一般疾駛而過，不但排出一堆廢氣，還發出刺耳噪音。

欲望的心；憤怒的心；執著的心；物質的心；計較的心；比較的心；自私的心；沒安全感的心；好表現的心；不服輸的心；驕傲的心；懷疑的心；好逸惡勞的心；一直不知跑去哪裡的心——都是我們凡夫的心。

究竟心是什麼，有一位禪師卻有不一樣的看法。

自從繼承南嶽懷讓的法脈後，馬祖道一便在江西洪州弘揚禪法，開創了禪宗叢林，世稱「洪州宗」。他的法嗣弟子多達一百三十九人，其中百丈懷海、南泉普願及西堂智藏，更是著名的洪州門下三大士。

有一天，大梅遠來向馬大師請教禪理：「師父！如何是佛？」

馬祖道一回答：「即心即佛。」

意即「心就是佛」。

這意思是：我們每一個人心的本性就是佛的本性，只是經常被煩惱和無明①的烏雲給遮蔽了！只要從心著手，去除這些貪、瞋、癡、慢、疑五毒所引起的煩惱和無明，自然就能撥雲見日，見到心真正的本性，也就是佛性。

後來又有一名僧人，問馬大師同樣的問題：「如何是佛？」

馬祖道一的回答是：「非心非佛。」

乍聽之下，好像和前面的答案完全不一樣，事實上卻是異曲同工之妙。沒有了心，就沒有了佛，所以成佛一定要用心，從自己的心開始用功，不假他求。

另一天，越州的大珠慧海千里迢迢，從浙江大雲寺前往江西洪州開

---

①佛教謂不能了知現象真實性的原始愚癡，為十二因緣的第一支，是一切煩惱的根源。

元寺，向馬大師請益。他聽說馬祖道一機鋒峻峭，且變化無窮，特地趕來求見。

馬祖道一問他：「你從哪裡來的啊？」

大珠慧海恭敬地回答：「我從越州的大雲寺來的！」

人家大老遠地來參拜他，馬祖道一卻一點也不領情：「來這裡做什麼呀？」

大珠慧海又答：「特地來向和尚請教佛法。」

馬祖道一冷冷地回應：「我這裡什麼東西也沒有，求什麼佛法？你放著自家的寶藏不顧，拋家亂走個什麼呀！」

說得大珠慧海腦子裡冒出連續問號：「何個是我慧海自家的寶藏？」

馬祖道一指著他說：「現在在這裡問我的這個人，就是你的寶藏。

一切都具足，更沒有欠少任何，可以自在使用，何須再外求呢？」

說完，大珠慧海當下了悟。

有時候，我們太迷信尋找一個老師，而忘了我們的生活、我們的經驗、我們的自身就是我們最好的老師。

不要執著去找一個身外之佛，佛陀在哪裡？就在你的心裡。心就是佛。

階級是空。

廣東唯一會下雪的地方，就在距離韶關二十里遠的大庾嶺山上。那裡有一條清澈的曹溪，潺潺地唱念著無數消失的詩偈，訴說幾千年以來無言的智慧。

有一年，六祖惠能跋山涉水來到大庾嶺，看見周遭巨大的樹木蓊鬱成林，充滿罕有的祥瑞氣象，便決定留駐此地。

原本這裡有一座建造於梁武帝時期的寶林寺，後來在隋末戰爭時毀損成廢墟，韶州的信眾們特地將寶林寺重建起來（宋初改名爲南華寺），並延請六祖居住。

從今而後，六祖在此開啓了弘揚南禪頓悟佛法的事業，並隨著曹溪的水聲流傳至今。

當惠能揭起曹溪禪風的初時，有一天，大庾嶺偌大的山風，吹來了一位來自江西吉州的僧侶，他就是青原行思。

青原行思從小就出家，他的個性沉著內斂，是個寡言的人。每當僧眾們群聚一起議道論理的時候，他總是靜默地待在一旁，也不加入任何的言談。後來，他聽說惠能正在曹溪說法，毫不猶豫地立刻動身前往參禮。

惠能接見他時，一向沉默的青原行思，倒是開口說話了：「當何所務，即不落階級？」

應當怎麼修行，才不會落入階級之分。

會問這樣的問題，可見青原行思是一個很有智慧的人，因爲他明白就算是修行人，也會落入階級之分。

「階級」這個東西，不管俗人或聖人似乎都逃不過它的魔力。世人熱愛躋身高人一等的名門貴族或者清高之流，許多修行人也總是執著於偉大的開悟不放，立志要當一個禪師中的禪師，而忘記了祖師們的諄諄告誡：「有佛處，急走過；無佛處，莫停留。」

沒想到惠能卻回問他：「汝曾作什麼？」

你曾經修過什麼法門呢？

惠能並不直說該怎麼做才是對的，而是讓弟子們自己去推敲。一個眞正成功的老師，並不是自吹自擂，而是讓學生自己去發掘眞理，就像佛陀所說：「我所說的話，你們可以不必相信，最重要是你們要親自去驗證。」

青原行思順口答了句：「聖諦亦不爲。」

也就是：就算是聖諦的法門，我也不修。

惠能又問：「落何階級？」

那這樣會落入什麼階級呢？

青原行思笑說：「聖諦尚不爲，何階級之有。」

我連聖諦的法門都不執著了，哪還有什麼階級呢？

惠能聽後，內心非常地器重他，知道這個年輕人已契入中道實相，明白階級是空的道理。事實上，所有凡與聖、高與低、優與劣、愚昧與智慧，都不過是分別心（或者說埋藏在內心深處的虛榮心）在作祟而已，並因爲這個分別心（虛榮心），造作了更多的欲望和貪求。

一個修行人如果一心想求開悟，一心想成爲大師，後果更是不堪設想，還不如好好當一個平凡的人。

青原行思的修證境界，不僅深得惠能的精髓，更是惠能座下五大弟子（青原行思、南嶽懷讓、永嘉玄覺、荷澤神會及南陽慧忠）之首。

爾後，青原行思遵從「汝當分化一方，無令斷絕」的師命，轉往吉州青原山的靜居寺弘法利生，並衍生出雲門、曹洞和法眼三派；與南嶽懷讓一脈所發展出的臨濟、溈仰兩派齊名，成為中國五大禪宗派別，亦如達摩祖師早先所言：「吾本來茲土，傳法救迷情；一花開五葉，結果自然成。」

挑水給誰喝？

湖南潭州的潙山，原本是一座林野荒山，沒有人跡踏入，只有飛鳥與野獸盡情奔馳。

靈祐禪師（潙仰宗初祖）奉師父百丈懷海之命，來潙山修道數年後，終於建起一座可容納千名僧人的梵宇道場，不僅得到唐朝皇帝賜名爲「同慶寺」，連宰相裴休也來親近問法，參與佛事。

有一則傳說很有趣，是關於裴休送子出家的故事，這個傳說和靈祐禪師也有點關係。據說篤信佛教的裴休，因爲自己出家不成，便將自己的狀元兒子裴文德，送去溈山出家，成爲靈祐禪師的弟子。

有一說是，被皇帝欽點爲翰林的裴文德，正當開展仕途時，卻遇上皇太子生了一場重病，必須出家爲僧才能轉運，在不得已的情況下，裴休只好讓自己的兒子代爲出家。

靈祐禪師給裴文德取了一個新名字，叫做「法海」，也就是後來《白蛇傳》中水漫金山寺的法海和尚。

法海來到溈山後，靈祐禪師什麼事也沒教他做，就只要這位滿腹學問的大學士負責挑水給僧人喝。

溈山有上千名僧侶，光是喝水就要多少桶？

每天一早三點鐘，法海就得起床，那時天光還未透亮，他已經在井邊挑水，走了一趟又一趟，等到眾人都做完早課，他還在挑水個不停。

就這樣挑了好幾年的水，法海連一次誦經或打坐的機會都沒有。他

心底覺得也還好，畢竟自己有的只是世俗的學問，還不夠資格去參禪，能挑水給這些精進修行的僧人喝，也算是功德無量。

有一天，他的事情忙完，正好有個空檔，忽起一個念頭：「我來瞧瞧這些僧人們，平常是怎樣用功的。」

於是，他跑到禪堂邊上往裡頭偷偷瞧去，只見禪堂內有的人雖安然端坐，有的人卻搖頭晃腦，根本就是睡著了；還有的人乘機偷懶，不僅坐立不安，甚至還東張西望。

法海看了，內心極爲不滿：「我每天這麼辛苦地挑水，竟然是給這些不像樣的出家人喝，他們怎麼配得上我的供養呢？」

憤憤不平的法海，轉過頭發現師父就在面前，雖沒說出他的抱怨，可是靈祐禪師卻不是普通的人，他把法海叫進方丈房內教訓。

「你來這裡白住了好幾年，現在又嘮叨出家人不值得你供養，你把東西收一收，離開本院吧！」

法海一方面驚訝師父怎麼知道自己起了傲慢瞋心，一方面頗感委屈地收拾行李，準備離開寺院。

臨走前，他還是來向靈祐道別：「師父，您要我去哪裡呢？我身上連一毛錢都沒有。」

原以爲師父會因此原諒他，把他留下，沒想到靈祐遞給他八個半錢，說：「隨便你去哪裡，這些錢用完前，千萬不要停留。」

法海只好拿著八個半錢，離開了溈山，爲了怕不小心將這微薄的錢花掉，他從湖南一路乞討走到江蘇，供養他的人什麼人都有，上至富紳貴族，下至販夫走卒。

這也讓法海漸漸明白師父趕走他的用意，正是要他去體會供養的眞義——供養貴在一份眞心誠意，而非在乎對象爲何，事實上你並沒有供

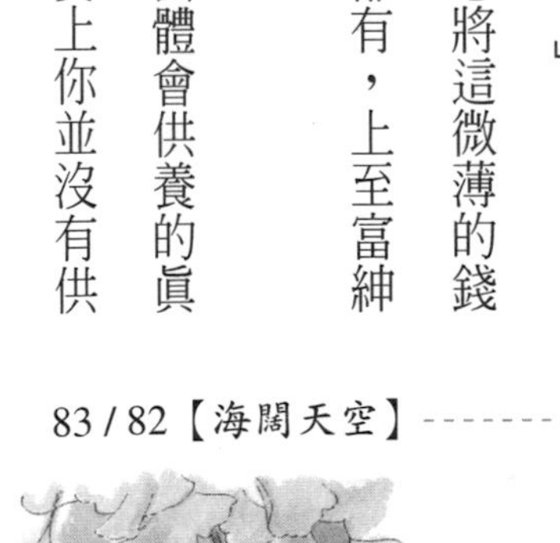

養誰，而是供養自己的善心。

最後他走到鎮江，看見長江上漂著一座島嶼，島上立著一座俊秀縹緲的靈山。

他被那座山給吸引，便召來船伕想渡江過去，一問船資，正好是八錢半。

他欣然將身上所有的錢都交給船伕，知道這就是他的終點站——這座山亦即後來發現金子因而命名的「金山」，法海成爲金山的開山祖師。

爐子還有火嗎？

在開創溈山道場之前，靈祐禪師是百丈寺的典座，專門負責燒飯、做菜給大家吃。

十五歲就出家的靈祐，曾受過律宗①的薰陶。二十三歲時，他來到江西大雄峰的百丈寺親近懷海禪師，跟隨老和尚過著自力耕作的農禪生活，廚房裡大大小小的事，便由他負責。

這一天，已近半夜，萬物都休眠了。

靈祐巡視廚房一遍，仔細檢查洗好的碗盤歸位了沒，鍋子們也都乾乾淨淨地擺放在原來的位置，數一數還剩多少蔬菜，可以燒煮明天的午

①中國佛教宗派之一，以研習及傳持戒律為主的宗派。

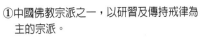

餐，最後他用水澆熄了爐子上的火，火苗嘆了一口氣熄滅了。

眼看一切都弄妥當了，靈祐也準備回房睡覺。

這時，老和尚懷海禪師出現了，他順口問了句：「你撥撥看爐子還有火嗎？」

靈祐便拿起木條，撥著爐子上的煤炭：「師父，沒火了。」

懷海禪師懷疑地又問：「是嗎？」接過靈祐手中的木條，親自往爐底撥了數下，沒想到竟撥出一些殘存的餘火，懷海禪師看著靈祐說：「你說沒有，那這是什麼？」

被師父責備的靈祐不發一語，突然深有領悟，轉而向老和尚叩首禮謝，笑答：「師父，我明白了！」

懷海禪師勉勵他說：「這就是暫時的歧路、一時的迷失。我們每一個人都具有覺性，卻像爐火一樣，被表面熄滅的木炭（無明煩惱）給遮蔽了。經典說：『欲識佛性義，當觀時節因緣。』等到時機一來，自會像迷茫時忽然領悟、忘記時忽然憶起一般，一切都知曉了！可是這必須自己去觀察經歷，而不能從他人得到。」

已經悟道的靈祐，仍然每天在廚房裡忙進忙出，快樂工作。

直到有一天，一位司馬頭陀前來拜見懷海禪師，談起湖南的溈山是多麼靈秀的一座奇山，適合在那裡建造一座大道場。

懷海禪師當場召來所有的弟子，對大家說：「誰答對我的問題，誰就可以到溈山當住持。」

他手指著案桌上的淨瓶說：「如果這不叫淨瓶，那該叫它什麼呢？」

這時首座（僧團大眾之首）華林覺悟地說：「不可以叫它木槌就是了。」瓶子當然不會是木槌，首座這個答案答得也算巧妙。

可是懷海禪師並不滿意，他轉向典座靈祐：「你說說看。」

靈祐什麼話也沒說，一腳就把淨瓶踢倒在地，然後人就跑出去了！

沒錯！淨瓶如果不是淨瓶，那擺在案桌上做什麼。

懷海禪師笑說：「首座不如典座。」於是便派靈祐到溈山當住持。

靈祐到了溈山後，發現那裡根本就是一座杳無人跡的大荒山，一點也不靈、也不秀。不僅山勢嵚崎陡峭，而且整座山都被虎狼猿蛇給占據了，誰敢來這裡呢！

可是靈祐不為所動，在他眼中，這是最完美的自然道場了！既然來了，就安住在森林的蠻荒深處，整日靜坐，肚子餓了，就撿拾地上掉落的橡實，當做食物。

就這樣幾年過去了，另一位大安上座②帶著幾位僧人，一起從百丈寺前來輔佐他，加上陸續而來的山客和村民支持，以及聞人雅士的慕名

---

②佛教用語，一是對年長高德者的尊稱，二是指寺院最高管理者、一寺之長，與寺主、維那合稱「三綱」。

贊助，終於建起一座規模宏偉的大禪院。後來靈祐傳法給仰山，成爲溈仰宗的開宗祖師。

野狐的下場。

懷海禪師在江西的大雄峰創立百丈寺已經很多年了，對這裡的一草一木，他幾乎熟到不能再熟，連周遭哪一隻雀鳥棲息在何處，什麼時候生了孩子，他皆瞭若指掌。更別提春夏秋冬，大雄峰山色的遞嬗變化，動物的遷徙來去，他都了然於心。

而爲了維持好不容易建立起來自給自足、不依賴供養的禪院生活，他特地寫了一部《百丈清規》，制定專屬於禪宗的修行和規範，嚴格遵守「一日不做、一日不食」的原則。不僅讓一起修行的弟子們有所根據，並成爲往後禪林的依歸。

不知道從什麼時候開始，每一次懷海禪師上堂說法時，總有一位不知名的老人夾雜在眾人之中，坐在禪堂角落跟著一起聽法。

老人既不是懷海的弟子，也不是附近農家的長者，不知從何而來，神祕地出沒在禪院中，眾人雖感到有點奇怪，但隨著時間過去，也就自然而然、習以爲常。

懷海本人倒沒什麼特別的反應，也沒上前追究來歷，一如以往說他該說的法，叮嚀他該叮嚀的事，好像這個老人在不在都沒關係。

這樣過去了好一段時間，有一天，所有的人都離開禪堂後，這位老人卻不走，獨自留下向老和尚請益。

懷海禪師故意問他：「你是什麼人呢？」

老人回答：「我不是人，而是一隻野狐。早在久遠以前，當迦葉佛還住世時，我就在這座山中修行。當時，學生問我一個問題：『大修行

人還會落入因果輪迴嗎？』我回答：『不落因果。』結果，這句話讓我墮入三惡道，連續當了五百世的野狐，今天特地來請教和尚，爲我正解一番，好讓我解脫這野狐的身軀。」

懷海禪師大方答應：「好啊！沒問題！」

老人便問：「請問大修行人還會落入因果嗎？」

懷海禪師回答：「不昧①因果。」

也就是：大修行人對因果十分清楚明白，不會被因果給蒙蔽。

佛教強調任何事情的發生都是有緣起的，任何的果都是由因所造成，等到機緣成熟時，果報就會出現，所以說：「善惡終有報，不是不報，時機未到。」因果既不會消滅，也不會互相抵銷。

而一個大修行人，當修行到一定程度，悟得空性的道理後，不但不會再造惡因，對於任何果報也都會坦然接受，既不圖求善報，更不會以

①昧，糊塗；不昧，清楚了然。

修行的結果，做爲逃避因果循環的手段。

老人聽後立刻大悟，再三對懷海禪師作禮答謝：「我已經可以脫離狐身了，我的屍體就在山後，還請和尚以超亡僧之禮，度我一程。」說完後，消失禪堂，不見蹤影。

懷海禪師把負責寺院事務的維那叫來，要他告訴寺內所有人飯後要送亡僧。維那將消息傳達後，眾僧不約而同地疑問著：「大家都好好的，沒人病逝啊！幹什麼要送亡僧呢？」

吃完飯後，懷海禪師帶領百丈寺的僧侶們，一起來到山後的岩壁，發現一處洞穴。他命弟子用木杖往洞內撈，果然撈出了一具野狐的屍體，隨即依照出家僧人的習俗把牠埋葬了。

經師父的講解後，眾人才恍然明白這隻野狐的來歷——沒想到只差了一個字，下場就差那麼多，甚至讓一個大修行人當了五百世的野狐。

一生完美的結語。

日本的良寬禪師（一七五八～一八一三）臨終前寫了一首禪味十足的詩偈：

吾何所遺，春日櫻花

山谷杜鵑，枝頭秋葉

這首他告別娑婆世界①的和歌：「臨終逢人間，老僧何所遺世間？春櫻杜鵑秋紅葉，凡此美景盡皆然。」是他一生完美的結語。

①佛教稱釋迦牟尼佛所教化的世界，也就是我們所處的世界。

那些陪伴過我的山河與大地、宇宙與星辰；花開與花謝、鳥叫與蟲鳴……我遺留下來，也陪伴著你呵！

我所擁有的只是悠閒舒暢、遊戲三昧的活著態度。

即使缸裡只剩一點點米，爐邊只存一兩根木薪，在夜雨淅瀝的草庵裡，我的雙腳還是慵懶的、放鬆的往前一伸，安穩睡著了！

安穩多難求呵！人們若要煩惱，是無盡的。打一個噴嚏，也可以失眠整晚的。

只要在世的一天，春天的櫻花、山谷的杜鵑都爲我綻放，枝頭紛落的秋葉也爲我落下，這就是我最富足的資產，而我也把這所有美麗的風景都遺留給你們。希望你們好好珍惜大自然每一個既短暫、又永恆的片刻。

做爲清貧修行的典範，良寬禪師的詩歌展現了對當下生命的喜悅禮

讚，在在令人動容。

未出家前的良寬，原為越後（面臨日本海）的地主長子，但他為了忠於自己，放棄龐大的家產，十八歲到曹洞宗光照寺參禪，做些「行者」專司的種田、打掃、砍柴、洗米等雜務工作，他的師父破了和尚用道元禪師的法語勉勵他：「學佛道，學自己也。學自己，忘自己也。忘自己，證萬法也。」

二十二歲時，良寬在圓通寺剃度，忍受著孤獨，坐禪修道，終於達到身心脫落的境界，剃度師父國仙和尚特別賜他「大愚」法號。不久，國仙和尚圓寂，良寬禪師便如閒雲野鶴一般，四海行腳，成為一名無所罣礙、遊戲人間的孩子王。

他的詩如此敘述：「無欲一切足，有求萬事窮。淡菜可療飢，衲衣聊纏躬。獨住伴麋鹿，高歌和村童。洗耳巖下水，可意嶺上松。」就算一大把年紀了，他還是喜歡和孩子們捉迷藏，一起唱歌、一起遊戲，純眞如赤子。

四十七歲後，良寬在越後濃密杉林間的一處破落庵房（五合庵）定居下來，庵內空空蕩蕩，只有一尊木佛、一張小桌和兩本書，以及貼在牆上的詩作。

愛寫詩的他，將此時的生活描繪得歷歷生動：「生涯懶立身，騰騰任天眞。囊中三升米，爐邊一束薪。誰問迷悟跡，何知名利塵，夜雨草庵裡，雙腳等閒伸。」

日子過得雖然貧苦卻愜意十足，從不爲五斗米而煩惱折腰，今天的飯夠吃就好，不管明天如何。連托缽多出來的食物，也是分贈給乞丐和鳥獸、動物，絕不多留半分。心中沒有迷與悟，更無名利塵埃，即使下雨天草庵漏水了，也困擾不到良寬，躺下來就舒服睡著了。

對良寬而言，整個天地都是他的家，他與自然同在，與四季同眠，
與萬物爲友，有了一顆知足常樂的心，處處都自在了。

急急忙忙苦追求。

風吹過寒石深處，雲霧繚繞間，一名衣衫襤褸、頭戴樺帽的瘦削老僧，在這空靈無人的山間悠然散步著，很享受這樣的無事逍遙，臉上掛著笑。

雙腳蹬著一雙木屐，跨過清澈的溪澗和磊磊的石堆，偶爾他低下頭來凝視石頭上的青苔，一時興起，還唱起一首詩歌：「登陟寒山道，寒山路不窮。谿長石磊磊，澗闊草濛濛。苔滑非關雨，松鳴不假風。誰能超世累，共坐白雲中。」

就這樣一路晃蕩到某處岩洞，便是他天然的居所，走進去後，才躺

下來，他便睡著了。沿途掉落的葉片或者牆上岩壁，都刻有他書寫過的一首首偈子，記錄著他寬廣的心靈世界和勸人的覺悟醒語。

這位瀟灑不羈的天眞奇人，正是隱居在浙江天台山脈寒石山中、唐朝著名的詩僧——寒山子。

寒山約莫是唐天寶年間人，出生於陝西咸陽一帶的農家，從小飽讀詩書，而且結過婚，還考過功名，甚至也曾想以身報國，到邊塞「提劍擊匈奴」，只可惜後來當官不成，從此浪跡天涯。

三十歲時，他來到天台山，接受國清寺豐干禪師的點化，並與拾得結爲至交，在寒石山的寒巖中一住住了七十年，活到一百多歲，留下三百多首寒山詩，成爲追求自然精神、脫離物質文明的象徵。

像這首禪詩：「急急忙忙苦追求，寒寒冷冷度春秋；朝朝暮暮營活計，悶悶昏昏白了頭。是是非非何日了，煩煩惱惱幾時休；明明白白一條路，萬萬千千不肯休。」就是最好的寫照。

爲了名利費盡心神，日夜苦苦追求，甚至現盡百種貪婪模樣，攪弄無端煩惱是非，到頭來不過是空度寒冷春秋，空白了少年頭，什麼也沒有得到。

所以，寒山勸大家：「生前大愚癡，不爲今日悟。今日如許貧，總是前生作。今生又不修，來生還如故。兩岸各無船，渺渺難濟渡。」而且「有樂且須樂，時哉不可失」、「寄世是須臾，論錢莫啾唧」。

寒山與拾得交情甚好，當他肚子餓時，在國清寺廚房負責洗碗工作的拾得，就會幫忙把眾僧吃剩的飯菜，裝在劈開的竹筒中合藏起來，等寒山來時，再交給他食用。

兩人天眞無邪，總是相偕同遊，笑歌自若，在天台山到處玩耍遊戲；有時也在廊下經行，有時則喝來罵去，引來國清寺僧人不滿，拿起

竹杖要趕人，他們卻不以爲意，呵呵大笑離去。

當時，人們根本看不起他們，以爲是兩個瘋癲的怪人，直到有一天，台州刺史閭丘胤因爲豐干禪師爲他治癒頭痛的毛病，從他那邊聽說「天台山有寒山文殊菩薩、拾得普賢菩薩」，便親自登山來到國清寺參訪兩位大師。

可是，寒山、拾得一聽說太守來了，也不多說什麼，趕緊跑回寒巖躲起來。

閭丘胤派人尋訪至寒石山時，偌大的縹緲奇境已不見兩人蹤跡，只發現寒巖洞內遺留下了數百首詩偈，後來寒山詩集便由此流傳開來，人們恍然明白原來這兩位不是一般尋常之輩，而是返璞歸眞的得道高僧。

忍他讓他。

天台山的杜鵑花都開了，漫山漫野燦爛著，連神仙都著迷。國清寺的豐干禪師也跟著春天的足跡，四處跑去賞花了！

紅色的、白色的杜鵑花，一路從國清寺延伸到赤城，豐干禪師追逐盛開的花朵，玩得好不開心。

就在赤城路旁，一株最巨大的杜鵑花叢下站了一個小小孩，睜著一雙無辜的眼睛，直盯翩然而至的豐干禪師。

這是一個迷路的孩子，剛剛還在哭個不停，可一見到豐干禪師，就不哭了，好像尋著親人一樣，再也不肯讓他離開。

豐干禪師只好把這小孩帶回國清寺，並給他取了一個名字，叫做「拾得」。

拾得看起來既不聰明也不靈巧，寺內的僧人們對這不起眼的孩子並不怎麼在意，總是吆來喝去，叫他幫忙做些雜事。拾得慢慢長大後，靈熠師父吩咐他負責掌管食堂和香燈的事務。

有一天，供完香燈後，拾得端著一碗盛滿飯菜的缽盂，跑到大殿法座上，肆無忌憚地坐下，不但和殿內所有的佛像對盤而食，而且旁若無人地哈哈大笑，還直呼佛像中最先開悟的佛陀弟子憍陳如，只是證得小果的聲聞而已①。

當他和佛像們「聊」得正開心時，國清寺的僧侶已經拿著掃把來趕人了：「你這個沒禮貌的傢伙，竟敢在莊嚴的大殿內囂張放肆。」

拾得被打了，也不喊疼求饒，仍然咯咯笑個不停，眾人氣得又罵

---

①聲聞和緣覺為小乘（阿羅漢）果位，簡稱「小果」。憍陳如，原為佛陀當王子時的五侍從之一，也是佛教最早的五比丘之一，是第一位聽聞佛陀開示而證得阿羅漢果的弟子。

他：「眞是個野孩子！」

靈熠師父怕拾得又隨便跑到大殿亂鬧，便免去他原來的工作，叫他只待在廚房洗碗就好。拾得每次洗碗前，都會把一些剩飯剩菜裝盛在一只預先準備好的竹筒內藏起來，等他的好友寒山來找他時，再偷偷交給他食用。

這兩個好朋友不時在國清寺嬉笑怒罵，舉止誇張怪異，令眾僧搖頭不已。一個拾得已經夠麻煩了，再來一個瘋癲的寒山，眞是令人受不了。

面對他人的輕蔑與不恥，寒山和拾得倒是想得很開，寒山曾問拾得：「世人謗我、欺我、辱我、笑我、輕我、賤我、惡我、騙我，如何處治呢？」

拾得回答：「只是忍他、讓他、由他、避他、耐他、敬他、不理

他、再待幾年你且看他。」

有一回，負責燒飯菜的僧人很頭疼，因爲每次下廚煮出來的飯菜，都會被附近的鳥群飛來啄食，而弄得狼藉不堪，眞不知如何是好。

這一天，他路過大殿，卻看見拾得拿著一根棍杖輕打了護法伽藍②神像兩三下，還喝斥說：「你連護食都沒辦法，怎能護持伽藍③呢？」

僧人並不以爲意，心想：「這拾得又在調皮了！」沒想到當天晚上，國清寺所有僧眾都夢見伽藍神前來託夢，告知此事。

隔天，燒飯菜的僧人把煮好的飯菜盛起來，放在桌上，竟然連一隻飛鳥都不曾出現。他忍不住告訴旁人這件奇特的事情，眾人都說：「是啊！我昨天也夢見伽藍神了！」大夥才驚覺原來拾得可不是泛泛之輩，而是一位非常人。

②寺院的護法神「韋馱天」，或作「僧伽藍」。
③寺院之意。

退步原來是向前。

要下雨了！古老的城鎮吹起一陣風。

胖胖的布袋和尚，手拿禪杖，揹著一只大布袋，穿著一雙溼草鞋，在路上急急忙忙地行走。人們一見他這樣慌慌張張，便知道豪雨要來了，趕忙收拾農具從田裡躲回家中。

布袋和尚的天氣預告非常靈驗，要是即將乾旱，就會見他拖著高腳木屐，伸直膝蓋躺在橋上。這時，農民就要準備儲水了。

布袋和尚怪異的行止不僅於此。

有一回，下了好大一場雪，山林和街巷皆融入白茫的雪世界。

孩子們躲在家中，看著雪慢慢從天空降落；頑皮一點的大孩子，則偷溜到戶外打雪仗，玩得好不開心。

忽然，雪地傳來驚叫聲：「有死人！」

大人、小孩全都從家裡跑出來看熱鬧，只見雪地上躺著一個胖子和尚。孩子們一看是他們的好朋友布袋和尚，趕緊用手搖他：「布袋和尚！你醒醒，可別凍死了！」

平常布袋和尚都會從大布袋裡倒出許多零食，分給孩子們吃，然後站在一旁呵呵地笑著，所以孩子們特別喜歡他，也愛和他一同玩耍。

他的大布袋很神奇，總能藏不少東西，分享給窮人和乞丐。因爲每次人家送給他的食物，他都只吃一半，然後把其餘的放進袋內，再分給他人享用。

現在布袋和尚躺在雪地上，好像睡死了一樣，奇怪的是身上竟沒有任何的雪印，還一副睡得很熟、很舒服的樣子。

被孩子們搖著搖，布袋和尚終於睜開眼睛，發現這麼多人圍著他：「我昨晚太累了！只好睡在地上，吵到你們了嗎？」

現場所有的人皆訝然無語，布袋和尚在雪地裡待了一整夜，竟然一點都沒事。

接著布袋和尚起身，拍落身上的雪花，向大家告別：「好啦！我要去化緣了！後會有期。」說完便揹起他的大布袋，又前往社會的各個角落行慈化世去了。

春天時，附近一處農家趕插秧，卻人手不足，布袋和尚自告奮勇地去幫忙。

頂著灼熱的大日頭，布袋和尚並不喊累，插完秧後，接受了農夫的供養，布袋和尚特地爲他開示一首偈子：「手把青秧插滿田，低頭便見

水中天；六根清淨方爲道，退步原來是向前。」

這首詩道盡爲人處世應有的態度——農夫將一株株青色秧苗插滿田間，低頭插秧時，看見田中水面倒映的天空，爲人若是謙虛柔軟，能夠低下頭來，自然擁有一片海闊天空；而當我們眼耳鼻舌身意六根清淨，不隨外境起舞，不受外界物欲引誘，便是契入眞正的道；在插秧時必須一步步退後，才能把秧苗插好，意味著凡事肯退讓一步，表面上看起來雖然吃虧，事實上卻是進一步向前。

有位福建的陳居士曾問布袋和尚的法號爲何，布袋和尚回答：「我有一布袋，虛空無罣礙，打開遍十方，入時觀自在。」

又問他的行李呢？布袋和尚又說：「一缽千家飯，孤身萬里遊；青目睹人少，問路白雲頭。」

布袋和尚圓寂後，他留下一首佛偈：「彌勒眞彌勒，化身千百億；

時時示世人，世人俱不識。」

眾人才明白這位大肚能容天下事的布袋和尚，原來就是彌勒菩薩的化身。

本來面目

道無其他，就像雲飄浮在天空，
水盛裝在瓶中一樣地自然，
心若能返璞歸眞，即能見到事物本來的面貌，
這就是眞理之道了！

不思善不思惡。

原是嶺南樵夫的惠能，因爲賣柴時，無意間在客棧外聽人誦讀《金剛經》而得到啓發，便不辭辛苦，遠從廣東新州千里跋涉來到湖北黃梅縣的東禪寺，參拜禪宗五祖弘忍。

後來他被留在養馬的小屋每日舂米。

八個月後，爲了選出新的接班人，五祖弘忍命所有門人各寫一首詩偈，誰能悟出般若大意，就付他衣法，成爲禪宗第六代祖師。

神秀上座在走廊牆上寫了一首：「身是菩提樹，心如明鏡台；時時勤拂拭，勿使惹塵埃。」

---

①自性，事物的本體、本質。

眾人都叫好時，過兩天牆上又出現另一首偈子：「菩提本無樹，明鏡亦非台；本來無一物，何處惹塵埃。」

原來是不識字的惠能請童子幫忙寫上的，寺內僧侶們一見嘩然，心想這首偈子明顯要比神秀的那首更加「明心見性」，可人類的劣根性就是嫉妒心強烈，尤其惠能這其貌不揚的南方蠻子，怎能跟勤修多年的神秀相比呢？

爲了避免寺內爭議，五祖弘忍表面不動聲色，半夜卻偷偷傳法和衣鉢給惠能，並爲他開示《金剛經》大意。當聽到「應無所住而生其心」時，惠能已大悟「一切萬法不離自性」[1]。

三更受法後，惠能聽從五祖弘忍的吩咐，速速離開此地，因爲怕有人爲了搶取衣鉢而要傷害惠能。五祖弘忍還特地駕著小舟，親自送他一程。

師徒倆告別後，惠能快步往南前行，走了兩個多月來到大庾嶺。這時，數百位奪衣缽的僧人也循蹤而至。

其中有一個惠明僧人，俗姓爲陳，出家前是一位將軍，性情魯莽粗獷，他一路快馬加鞭、極力搜尋，就在眾人未抵達之前，已經搶先一步發現惠能。

惠能也不慌張，索性把衣缽放在石上說：「這衣缽是法信②的代表，可以用武力爭奪嗎？」然後隱身在一旁的草叢中。

惠明趕到時，只看見石上的衣缽，卻不見惠能身影。

他伸手要拿衣缽，沒想到竟然拿不起來。惠明知道這一切已有定數，不可勉強，惠能確實是六祖人選，否則憑他的大力氣，怎會拿不動一件輕輕的衣缽。

惠明四下喚道：「行者！您在哪兒？請出來吧！我是爲了法來，而

---

②傳法印信之意。

不是爲了衣來。」

惠能從草叢出來，盤腿坐在石上。惠明向他跪下頂禮：「願行者爲我說法。」

惠能回答：「不思善，不思惡，正是這麼樣的時候，那個就是你本來的面目。」

也就是遇見各種外境時，不去辨別什麼是好，什麼是不好，只是知道了；甚至心中的妄念生起時，也不去評斷什麼是好，什麼是不好，一樣是知道了。

保持中立，持續觀察，放下批判，不再造作，讓心處於一種平衡的能量狀態。

惠明當下明白，又問：「除了歷代祖師所傳的密語密意之外，還有其他的密意嗎？」

惠能笑說：「如果跟你說，就不是祕密了！你若是由這不執著的智慧，返照觀察，密意就在你身邊了。」

惠明叩首答謝，並拜惠能爲師：「今天承蒙指示，如人飲水，冷暖自知。現在行者就是我的師父了！」

惠明歡喜離去，依惠能之命轉往江西弘法，而惠能也南下曹溪，潛藏在獵人隊伍當中長達十五年之久，直到時機成熟，才出山弘揚南禪頓悟佛法。

一滴水的力量。

一滴水能做什麼呢？

在生活中，一滴水往往容易被忽略，人們心想：「這有什麼，不過就是一滴水吧！」

但是，有個和尚卻從一滴水開悟了，明白了一滴水所隱藏的生命奧祕。

楓葉一層層鋪疊在日本京都古城，從小喪失親人，九歲時就到龍勝寺出家的小和尚，轉眼已經十九歲了。

眼看著一片片掉落的楓葉隨風自由翻滾，他心想：「我也應該外出

遊學才是！」

寺方這邊並不同意，有個老信徒卻支持他：「我來幫你出草鞋的錢，希望你以後能學有所成，當上一個大和尚，再坐轎子回來。」

小和尚就這麼穿著新草鞋歡喜出門了，聽說岡山曹源寺的住持儀山禪師是位具有威儀的得道高僧，雖然教風十分嚴厲，卻吸引無數學僧前往參學。

沒想到小和尚一去，就先吃了閉門羹，因爲曹源寺不隨便接受外來的學僧。

小和尚不灰心地待在寺門外一個多星期，不管雨晴或饑寒，就是不肯離開。終於，儀山禪師點頭，願意接見他，還讓他留下來，擔任一些雜務工作。

有一天，儀山禪師要洗澡，因爲水太燙了，便叫小和尚提一桶冷水來降水溫。

小和尚把冷水倒進澡盆後，見水溫差不多了，便順手將桶內僅剩的一點點水潑在地面。

儀山禪師一看，喝斥他說：「你怎麼這麼浪費呢！就這樣把水給倒了，一點都不懂得惜福。」

小和尚怯怯地回答：「我想說就剩幾滴水而已。」

儀山禪師又教訓道：「這世界上每一件事物都有它們的價值，儘管用處不同，卻都具有相同的佛性。別小看一滴水，這一滴水給樹，樹也很開心，給草，草也很歡喜，即使一滴水也有它無上的價值啊！」

小和尚一聽，恍然大悟：「原來一滴水可以匯成海洋，也可以包容虛空。如果連一滴水都能珍惜的話，那還有什麼是不能包容的呢？」

爲了讓自己的心與滴水合而爲一，並時刻謹記「包容有情、珍愛萬

物」的自然法則，從此小和尚便爲自己取名爲「滴水」。

一日天氣轉涼，滴水和尚淌著鼻水，一時間找不到草紙，便拿桌上的白紙擦鼻涕，沒想到又惹得儀山禪師一頓罵：「你的鼻子是特別尊貴嗎？還得用這種得之不易的白紙來擤喔！」

滴水和尚知道自己錯了，趕忙把擤過的白紙收好，以便下次再用另一面，也更加提醒自己，任何東西一定要善加利用，絕對不可輕易浪費。

雖然這看來不過是生活中微不足道的小事，如果能從身邊的小事開始做起，養成節約的習慣，處處做環保，不僅是修行之道，更能減輕日益嚴重的生態污染及地球暖化問題，你希望以後生活在什麼樣的世界，你現在就要培養那樣的生活態度。

後來，滴水和尚果然成爲一名大禪師，在四十八歲時坐著轎子，榮歸故里，爾後又振興了天龍寺。而這一切，都來自於他的刻苦耐勞與儉樸愛惜的精神。

滴水和尚在弘法傳道時，有人問他：「世上什麼功德最大？」

滴水和尚回答：「滴水。」

那人又問：「虛空包容萬物，那什麼可以包容虛空呢？」

滴水和尚還是回答：「滴水。」

一滴水也有無限的力量。

活得太累。

你累了嗎？

這一句經典的廣告台詞，可說是每一個人的生活告白。

我們每個人心中都有一把尺，不停地丈量自己和別人：生活應該是怎樣才算美好；日子要怎麼過才叫快樂……。

不管是看待人事物的觀點，或是面對事情的反應，甚至對於存在的意義和價值，我們都有強大的「定見」。

如果沒有達到自己以爲的標準，譴責與抱怨的聲音就會像紛飛的雪花一樣，滾成巨大的雪球。

仔細想想，這些定見又從何而來呢？

「要達到什麼」總讓我們不時地偏頭痛，但我們往往不肯放手。

究竟我們是好好地活在每一個片刻，還是一直活在頭腦的定見中呢？

日本明治時期有位著名的坦山禪師，發生一則有趣的禪宗公案，流傳至今。

有一天，下了好大一場雨，原本一彎淺淺的小溪忽然水位高漲，漫延成湍急的河流。坦山禪師和另一位和尚相偕同行，正待過河到對岸的寺院參訪。

這時，河邊出現一位美麗的女子，來回徘徊，臉上露出爲難的神情，看見這兩位出家人，欲言又止。

坦山禪師便問她：「有什麼事嗎？」

美麗的女子回答：「我家住在對面，現在溪水漲了，我怕過不了河，被水沖走。」

坦山禪師大方地說：「沒關係！我來揹你。」

說完，將女子揹了起來，慢慢渡過溪河。

跟在後面的同修卻滿臉慍色，心底老大不高興：「這坦山是怎麼回事？不懂得男女授受不親的道理嗎？何況我們是出家人，對女色更是避之唯恐不及了，怎能輕易犯戒呢！」

坦山禪師揹著女子過了河，對方向他道謝告別後，他和道友又繼續未完的行程。可一路上這道友卻不再和他說話，對他的態度也轉爲冷淡，舉止充滿著不屑的輕視。

原本道友也想好好地質問坦山一番，可是好幾次想開口，卻硬生生又把話吞回去，就這樣憋了好幾天，看坦山還一副不以爲意、遊山玩水的開心樣子，簡直快氣炸了。

這天傍晚終於抵達了寺院，坦山開口對同修說：「你這幾天爲什麼一直悶悶不樂呢？」

同修看機會來了，狠狠地修理了坦山一頓：「你這是什麼和尚，簡直敗壞佛門的風氣，出家人不近女色，你卻揹了一個女人過河，眞是居心何在！」

只見坦山呵呵地笑著，一點也不以爲杵：「原來是這麼回事，那名女子我揹過河之後就把她放下了，你到現在還揹著不放，可眞把你給累壞了！」

同修一聽恍然大悟，趕緊向坦山道歉，也爲自己狹小的偏見感到慚愧。

佛教的戒律是爲了維護修行者清淨純潔的心性，並非刻板的教條，

只求表面形式化地遵守。而且，佛教的終極目標是離苦得樂的解脫，而不是成爲一個假面的道德家，處處苛責他人。一如禪，是一種隨遇而安的自在與放鬆。

心中無事，不去罣礙好與壞，自然擁有寬廣遼闊的世界。

從另一個角度來說，美麗的女子就像世間任何美好的事物，過了時間之河，也就可以把它們統統放下了！沒有追求美好的包袱，是不是也活得比較容易一些呢？

保持純潔的心。

山間禪寺的鐘聲，悠悠渺渺，傳至遠方的空谷。

潔淨院內，彌漫一縷薰香，飄送到殿中慈目凝視眾生的寂然古佛。

人們一到這裡，心就不動了，所有的情緒都停止了，連石階上的青苔也透露出格外寧謐的氣息。

這個女人也是這樣子的，她喜歡來這座禪寺，感受這種露水一般清涼的安靜，沒有世俗的擾攘和人間的紛亂，心底充滿著歡喜。

每天清早，這位虔誠的女居士，都會在家中花園摘取晨間初開的鮮花，整理成束，送到寺院供佛。然後，跪拜在大殿佛像前，殷勤地禮

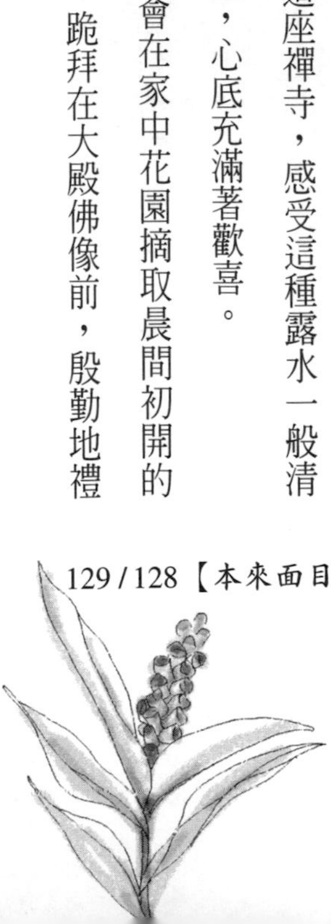

佛、祈禱，平息內心一陣陣不安的騷動。

這一天，她一如往常，帶著一束鮮花來到佛殿，正好遇到禪寺的住持無德禪師。

無德禪師慈藹地對她說：「經典上說，常以香花供佛者，來世當得莊嚴相好的容貌，你如此虔心供佛，眞是功德無量啊！」

女居士欣然回答：「來世的功德不敢期盼，現在供佛就讓我得利益了！我每天來此禮佛時，心靈彷彿被露水淨化，自然而然地平靜下來，可是一回到家，就像投入火宅似的，忍不住就被丈夫、孩子和家裡的一些繁雜事務給弄得心煩意亂，無明的瞋火也會不自覺上揚。要在塵囂人群中保持一顆純潔的心，還眞是不容易啊！心總是很容易就被感染、污濁了！」

無德禪師露出理解的神情，回問女居士：「這些花都是你親手栽種的嗎？」

女居士點頭：「是的。我家後院有一片花園。」

無德禪師又問：「既然如此，你一定知道一些花草常識，請你告訴我，要如何讓花朵保持新鮮，不易凋零呢？」

女居士回答：「最好的方式是要用愛心去善待它，每天勤於換水，不時要把泡在水底腐爛的枝節修剪一些，這樣就可以維持比較長久的花期。」

無德禪師笑說：「你說得太好了！要用愛心去善待，保持純潔的心也是要用愛啊！而且這個愛，是寬容一切的愛，是無私的愛和諒解的愛。我們的環境就像花瓶裡的水，我們的心就是花朵本身，當花朵的枝節和水接觸被染著時，就需要不斷去修剪，把不好的念頭、習性和負面的情緒統統剪掉，如此才能淨化我們的心。」

女居士一聽，趕忙向無德禪師恭敬頂禮：「感謝師父的教誨，希望以後有機會能來寺院生活，親近師父，聆聽梵唄唱誦之聲與暮鼓晨鐘的寧靜，證得無上菩提。」

無德禪師卻說：「寧靜就在你的身邊，不曾遠離過。你的身體就是廟宇，你的呼吸就是梵唱，你的心跳就是暮鼓晨鐘，而雙耳所聽到的就是菩提之聲，何必要來寺院生活才能得道呢？」

說完，女居士頗有所悟，歡喜離去。

世外的出家修行艱難，但世俗的在家修行也不容易，因爲所受到的外界環境誘惑和社會流俗習氣的污染，可說是非常地強大。

要使心如如不動，禪定修行之外，密護根門①也是很重要的。

密護根門並非完全地不看、不聽、不說、不接觸，而是隨時覺知自己的起心動念，淨除煩惱無明，才是根本之道。

---

①佛教中，「眼耳鼻舌身意」稱為六根，六根對應「色聲香味觸法」六境，而產生眼識、耳識……等六識，故為六識入門，稱作根門。密護根門，即以正念嚴密守護六根之門，讓感受只是感受，而不生起任何感覺作用，以免陷入貪瞋癡慢疑五毒之禍害。

除此，保持一顆純潔的心，還要有寬敞的胸襟和無私的愛去包容所有、付出奉獻，這樣才能得到最眞實的寧靜。

眞正的快樂。

我們窮極一世，都在尋找眞正的快樂。

究竟什麼是眞正的快樂？

是無憂的生活、豐足的財富、健康的身體、自我的實踐、異域的旅行、眞愛的尋獲？還是晨飲一口清新香茶，午看空中幾朵白雲閒逛，夜觀滿天星辰閃爍呢？

有一天，三位在家居士跑去禪寺，請教無德禪師一個問題：「禪師，我們做人有好多的煩惱，活著有好多的痛苦，要怎樣才能得到快樂呢？」

無德禪師笑了笑，反問：「那我問你們，你活著是爲了什麼呢？是什麼理由讓你們繼續活下去？」

第一位居士說：「因爲不想死，所以才活著啊。誰願意死呢？每一個人都是不願意死，只好選擇活下去。」

第二位居士回答：「我活下去的理由，是爲了賺取更多的財富，讓我和家人以及後代子孫都能過著衣食無缺、幸福美滿的生活，這就是我活著的動力。」

第三位居士的答案是：「我的家庭責任很重大，不得不活下去。我上有雙親，下有子女，全靠我一個人養家活口，所以我必須要好好活著。」

無德禪師聽後，點頭表示贊同，繼而又問他們：「可是活得再久，死亡還是會到來；錢財賺得再多，總有用盡的時候；而父母和子女有一

天也終會和你分離。從古至今，這些無常的經歷，哪一個人不是這樣過來呢？假如你們要抓取這些快樂，就算暫時得到了滿足，可到頭來還是會落空的，如果快樂會落空，那就不是眞正的快樂。」

經師父這麼一說，三位居士異口同聲地說：「師父，那什麼是眞正的快樂？」

無德禪師父提出另一個問題，讓他們思考：「我講的快樂，不見得是你們認爲的快樂。請你們好好再想想，撇開責任不說，什麼事情可以讓你們快樂呢？」

第一位居士回答：「愛情！」

第二位居士選擇：「財富！」

第三位居士則是：「名位！」

「嗯！很好。」無德禪師慢條斯理地分析說：「關於愛情，俗話說：『愛恨相隨，有愛就有恨。』很多夫妻往往爲了一點點小事，彼此反目成仇，由愛生恨，造成莫大的遺憾。想從愛得到眞正的快樂，就要把男女的小愛擴大爲慈悲的大愛，用慈悲心來對待周圍的每一個人、每一個動物，乃至整個大自然，無私地奉獻付出，這才是眞正的愛的快樂。」

無德禪師接著說：「至於財富呢，是五家共有，也就是無情的水災和火災，勒索搶劫的盜賊、敗光家產的不肖兒子，加上一個非要你行賄不可的貪污官吏，這五家，隨便哪一家都會把你從天堂打入地獄。既然如此，想從財富中得到眞正的快樂，就要學習善用財富，將錢財用來行善布施，扶窮濟貧，這樣所得到的清淨功德最是快樂。」

「最後是名位，當你成名後，雖然帶來了權勢和榮耀，可是相對的你也失去了自由，一舉一動都要被人用放大鏡來檢視，而且你的名聲往

往容易遭人利用，引來無端是非，一旦失去了名位，更是無人理會，甚至被人瞧不起。想從名位中得到眞正的快樂，就要發心當一名菩薩，運用名位號召他人成就善業，利益一切有情眾生，這樣所有的人都會更加擁護你。」

經過無德禪師的開示後，這三位居士終於明白什麼是眞正的快樂。

一位喜瑪拉雅山的印度聖哲曾說過一段話：「不管在哪裡，都要快樂地生活著，就算身處困境也要泰然處之，因爲快樂是自己創造出來的。」

眞正的快樂就在自己的心裡。

水滿了。

日本明治時期，有一位非常有學問的大學者。

這位大學者博學多聞，對於世間的任何知識，幾乎無所不知。也因此養成他自以爲高人一等的傲慢態度，戴著一頂高高在上的自我的帽子，什麼人他都不看在眼裡，驕慢到令人討厭的程度。

有一天，一位友人來見他，聊著聊著，不小心當著他的面，大力歌頌起南隱禪師的學識和證量①：「這位南隱禪師應該是全日本最懂禪理的大師了！他對於佛學不但融會貫通，而且還親自驗證，修行功夫十分了得，是一位眞正的得道高僧。」

①修行人證得佛法的分量。

這位大學者最氣別人在他面前說誰誰有多好，在他看來，全世界唯一値得讚美的人就是他自己而已。

所以，他一聽朋友如此稱揚南隱禪師，嘴裡不說什麼，心底卻很不舒服：「全日本竟然還有比我更懂佛學的人，這麼說，簡直是侮辱我嘛！」

不服氣的他，打聽出南隱禪師駐錫②的禪寺，隨即出發去拜訪南隱禪師。表面說是前往討教，實際上是要和禪師較量高下，好突顯自己的優越感——若是能辯贏這位大師，那自己不就是大師中的大師嗎？

爲了表現自己，整個夏天，大學者都在趕路，跋涉千山萬水，終於在天氣微涼的晚夏日子，抵達了南隱禪師居住的寺院。

也不打揖，也不問訊③，劈頭就沒禮貌地向南隱禪師說：「聽說你的佛學造詣很高，請你說來聽聽。」

---

②駐，停留。錫為和尚所用錫杖的簡稱，駐錫，即佛教中，指和尚入住之意。
③問候。

南隱禪師不搭腔，只堆起滿臉的笑容，謙遜地朝他雙手合十，還請他到禪房內就座，親自燒水泡茶請他喝。如此恭敬地以禮相待，讓這位大學者更加自滿。

「這水是山中最潔淨的泉水，茶是今年最好的春茶。」南隱禪師邊說，邊把喝茶的茶杯放在大學者面前，舉起手中的茶壺爲他倒茶。

沒想到南隱禪師一直倒茶，動作未停，眼看茶杯裡的茶水都溢出來了，流得桌面滿滿一灘水，禪師卻視而不見地繼續倒著。

大學者趕緊舉手，要禪師停止再倒：「師父，好了好了！水已經滿了，杯子裝不下，別再倒了。」

南隱禪師把茶壺收回，笑著對大學者說：「是呀！水滿了，杯子就裝不下了。你要來向我參學，卻不肯把心裡裝滿水的杯子空掉，如何能裝得了其他東西呢？你的心像這只裝滿水的杯子一樣，充滿著驕慢和自

負，又怎麼聽得進別人說的話。」

大學者聽後心生慚愧，趕緊向南隱禪師頂禮跪下，從此再也不敢輕視他人。

一個人若是一直想著自己是多麼了不起，把焦點放在別人的缺點上，只會養成愛比較、責怪或抱怨他人的壞習慣。這麼做時，你只會傷害你自己。

相反的，如果待人處事謙沖以對，做一個虛懷若谷的人，處處退讓一步，每天一早醒來，感恩大地、感謝眾人、感激命運，自然而然這個善的循環都會回到你自己的身上。

一隻手一直抓著自己的執著，就不會有新的生命能量流進來。

工作的意義。

許多人對自己的工作總有一些迷思，也喜歡抱怨工作帶來的不快。比如：工作久了，會陷入某種難以突破的低潮期。或者，討厭工作中要面對的一些問題。

不管做得開不開心，每一個工作都是珍貴的試煉所，想從工作中獲得眞正的成就，就必須找出隱藏在背後的意義。

這一天，南隱禪師才送走驕傲的大學者，又來了另一名年輕醫生向他求教。

這位年輕的醫生雖然醫術十分高明，從鬼門關救出不少病人回來，

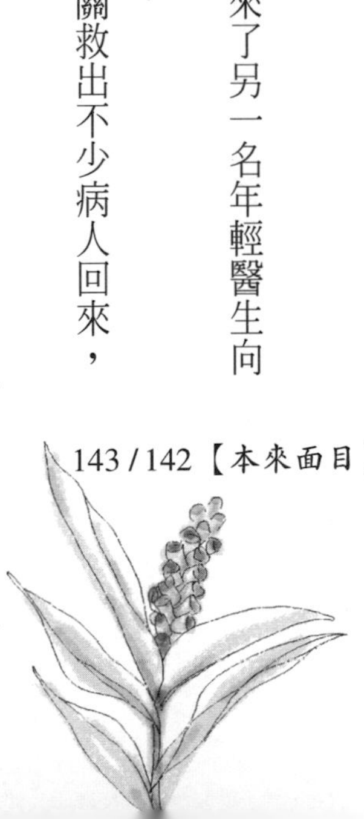

可是仍有許多病人不幸死去。

因爲經常面對死亡之故，使他的內心也生起害怕死亡的陰影，可是他的工作卻無法讓他逃離這個恐懼。以致原本以當醫生爲使命的他，開始懷疑起工作的意義。

有一回，他到鄉下出診途中，遇見一位四處雲遊的雲水僧①，不禁羨慕起他的自由自在，彷彿天上一朵雲，任意逍遙。便說：「師父，你眞是無所羈絆哪！不像我總有死亡的恐懼。」

雲水僧回答：「那就去習禪啊！」

醫生進而又問：「禪，是什麼呢？」

雲水僧搖頭：「我也不知道怎麼說，不過可以確定的是，你習禪以後，就不會再怕死了。」

醫生聽後，眼睛一亮：「太好了！請問我去哪裡習禪呢？」

---

①到處漫遊的行腳僧。

雲水僧指引他：「你可以去找南隱禪師。」

於是，年輕醫生來到南隱禪師的寺院，順便帶了一把匕首在身上，想試探一下禪師是不是眞的不怕死。

南隱禪師一見到他，就像遇見老朋友般友善地說：「久違了！朋友，近來如何？」

年輕醫生很納悶：「我們兩人初次見面，您怎麼說久違了呢？」

南隱禪師理所當然地答道：「你不是來習禪的嗎？既然是來習禪，不就是同道的朋友！」

醫生當下便知曉南隱禪師的修行工夫，也不必再考驗對方，直接向南隱禪師請求開示：「師父，我要習禪，請您教教我。」

南隱禪師卻說：「你要習禪，那就回去好好當一個醫生，盡心盡力善待每一位病人，這就是禪。」

對年輕醫生來說，這個答案根本就是他的問題所在，當醫生就得面對死亡，而他又那麼害怕死亡。

他滿腹狐疑地回到診所，爾後，忍不住疑惑又跑去找南隱禪師好幾次，每次都被南隱禪師趕回去：「身為一個醫生，醫院就是你的道場，你不要在寺院浪費時光，趕緊回去照顧病人才是正事。」

到了第四次求見南隱禪師時，年輕醫生終於憤憤不平地說：「我是因為有位雲水僧告訴我，學禪後就不會怕死了，所以才來找您。可是您每次都叫我回去好好照顧病人，如果這就是禪的話，那我以後就不來麻煩您了！」

南隱禪師大笑：「好吧！我之前對你太嚴厲了，現在我給你一個趙州禪師的『無』字公案，你回去參參看。」

年輕醫生領了這個「無」字，回去認眞苦參了兩年，終有一點領會，又跑來找南隱禪師，可南隱禪師並不認同：「還沒進入禪境。」

他不灰心，更加專心地窮究其中。一年半後，整個人的心境已豁然開朗、澄明清澈，從忘我到無我、從有生到無生，既然無生，也就無死了。

他原有的難題早已消失，不僅了脫生死的憂慮，對待病人更是從「有心」到「無心」的境界，不再計問結果，只求當下的付出，他再度尋回自己工作的意義。

這時，他又去見南隱禪師，南隱禪師只笑而不語。

任他榮枯。

藥山惟儼是石頭希遷的弟子，繼承了石頭禪的風格，沒事喜歡整日閒坐。

這一天，如同過去的任何一天一樣，他在禪寺潔雅的院落長廊階上靜坐了一個上午，旁邊也坐著他的兩個徒弟——道吾圓智和雲巖曇晟。

這一對師兄弟雖然年紀差了十一歲，個性也截然不同，年紀較大的道吾活潑爽朗，雲巖則是沉默寂然，但兩人的情誼卻十分親密，不因此而受影響，反而在修行道路上一直互相打氣、彼此勉勵。

在這樣靜幽深林的春日裡，兩人一起陪著師父打坐禪修，可說是人間最大的幸福了！一點也不覺得時間倏忽流逝，直到午時的陽光射入眼簾，才終於結束了這場靜坐。

藥山禪師看著院內有兩棵比鄰的樹，一棵長得枝葉繁茂、一派欣欣向榮的姿態，另一棵樹葉都掉光、即將凋萎枯死的模樣。忽有所感，指著它們先對道吾說：「那兩棵樹哪一棵好？是榮的好呢？還是枯的好？」

道吾不假思索地說：「榮的好。」這答案正與道吾的燦爛宗風相應和。

藥山禪師又問雲巖：「你說說看，榮的好還是枯的好？」

雲巖緩緩地回道：「枯的好。」雲巖的回答也吻合了他的寂寂禪道。

藥山禪師當然知道這兩位弟子一定會有這樣的選擇，還沒來得及評

論，這時有位來寺掛單姓高的沙彌剛好經過。

這沙彌雖然只是個沙彌，卻來頭不小，藥山禪師便問高沙彌同樣的問題：「你來得正好，你說這兩棵樹是榮的好？還是枯的好？」

高沙彌瞧了一瞧樹，笑笑地回答：「榮的任他榮，枯的任他枯。」

意思是榮枯自有時，凡事要順其自然，順應了自然，一切就都是好的，並無分別。正如人在順境時，要將每一刻活得更加圓滿充實；逆境時，更要學會安住與從容，靜下心來，觀察一切，等待另一個時機的到來。

不管榮或枯，人們要克服的最大障礙，並非任何外境的變化，而是自己的心魔。

榮與枯，就像海洋的潮浪般此起彼伏，可是在陣陣濤浪底下的深海之處卻是一片寧靜和平，小丑魚自在穿梭於珊瑚礁，沒有一絲無來由的焦慮或者不知要逃到哪裡才算安穩的問題。

時時刻刻，在在處處，與四時的大地萬物、與當下的存在連結，擴大自己對生命的視野，即能跨越自我的設限。

當然，道吾和雲巖對於榮和枯的喜好，是以他們各自學禪的風格而論，和高沙彌超越世相的智慧是不同的，後來宋代的草堂禪師針對這一則公案，特地題寫了一首詩偈：「雲巖寂寂無窠臼，燦爛道風是道吾；深信高禪知此意，閒行閒坐任榮枯。」

意即：雲巖寂靜無爲不落窠臼，道吾燦爛道風光芒耀眼，而高沙彌深知此禪意，任他榮與枯，只管悠閒而行、悠閒而坐。

不久，高沙彌又被藥山禪師再考一試：「見說長安甚鬧？」

聽說長安非常熱鬧，其實是問他：人的心念就像熙熙攘攘的長安城一樣，嘈雜熱鬧。

高沙彌回答：「我國晏然。」我的心中可是一片太平啊！

而且這個太平盛世不是來自讀經，也不是向師父請益，而是自己一顆了了分明、願意承擔一切的心。

雲在青天水在瓶。

藥山惟儼的風趣，是出了名的。

不管一個禪師可以證得多麼高妙的境界，能夠隨時保持一顆放鬆的心，遇事不擾，經常笑口常開，就是最大的修行了。

有一晚，烏雲密布，遮蔽了天上的星星和月亮，藥山惟儼登山經行，來到山頂時，忽然看見雲層整個都開了，現出一輪皎潔的明月。

藥山惟儼開心地哈哈大笑一聲，聲音竟然傳遍了澧陽東九十多里處，連周遭的居民都聽見他那爽朗、具有感染力的笑聲，跟著開懷起來，忘卻憂惱。

他的俗家弟子李翺聽說了這件事，特地寫了一首詩相贈：「選得幽居愜野情，終年無送亦無迎；有時直上孤峰頂，月下披雲笑一聲。」

意思是：惟儼禪師選得了藥山的這座世外幽居，愜意地享受山野的趣味，整年裡既不迎往送來，也不應付世俗的人際關係；有時直接登上了孤峰山頂，對著雲開的月色大笑一聲。

雖然幽默，可惟儼禪師一點也不囉唆，在接引學人時，往往只用一句話，就直接道破禪法，朗州刺史李翺就是這樣被惟儼禪師感化的。

一開始，李翺是不懂佛法的，只聽說藥山惟儼是個很有修行的禪師，便心生嚮往，幾次邀請他下山講禪論道，可老人家就是不肯，不得已只好親自跑一趟，上山拜見禪師。

李翺身為地方太守當然還是有一些官氣，好不容易淌著大汗來到山間的禪院，卻見身形如鶴的老禪師，自顧在樹下讀著經書，完全不理會他的存在，心底就有一股隱隱的驕忿。

一旁的侍者趕緊提醒：「師父，太守來見您了。」

惟儼禪師卻一副沒聽見的樣子，還是照讀他的經書，一點也不爲之所動。氣得急性子的李翺怒喝說：「你這禪師，眞是所謂耳之所聽，不如眼之所見，見面不如聞名。」當場就要走人。

這時惟儼禪師抬起頭，對著李翺笑了一笑，說：「太守啊！你爲什麼只看重你的耳朵，而看輕你的眼睛呢？」

李翺一聽，知道老禪師眞有兩下，馬上按捺住脾氣，低頭向藥山惟儼請教：「師父，如何是道？」

惟儼禪師回答：「高高山頂立，深深海底行。」

李翺有聽沒有懂，再三追問，惟儼禪師用手指上下比劃，問他：

「會嗎？」

李翱不知其意，搖頭道：「不會。」

惟儼禪師說了一句：「雲在青天水在瓶。」

這下李翱終於明白了，道無其他，就像雲飄浮在天空，水盛裝在瓶中一樣地自然，事物本來的面貌即是如此，不要用頭腦想太多，反而衍生更多不必要的煩惱，心若能返璞歸眞，回到「雲在青天水在瓶」的單純境界，就是眞理之道了！

欣喜的李翱恭敬地向惟儼禪師答謝，對這次的拜訪，順誦了一首詩偈：「練得身形似鶴形，千株松下兩函經；我來問道無餘說，雲在青天水在瓶。」

意即讚嘆藥山惟儼的修練已達到松鶴般的清高境界，在千株松樹之下展讀經書，我（李翱）來問道，不多說餘話，只此一句「雲在青天水在瓶」，就讓人豁然見道了。

煩惱不起

我們總在尋找生命的解脫之道，

但究竟是什麼綁住了我們？

其實沒有任何東西綁住你，

只要靜下來、慢下來，享受這一刻，你就回家了！

人生的十字路口。

很多時候，我們站在人生的十字路口，對未來不知如何抉擇。該往這個目標前去，或是另一個方向才是正確的道路？

一個向左或向右的決定，就像一把開啓光明與灰暗的重要鑰匙，操控了整個未來和命運，萬一決定錯誤，後悔怨嘆全都來不及，只能隨遇而安了。

遙遠的從前，通往長安城的漢南道上，有兩位溫文儒雅的唐朝書生，他們也來到人生的十字路口——那是一間茶館。

這兩名出身書香世家的年輕人，一個名叫丹霞，另一個叫做龐蘊，他們正準備赴京趕考，求取一世的功名和一張人們以爲通往燦爛未來的入場券。

經過十幾天馬不停蹄地奔波趕路，他們走得也累了，忽見前方飛沙彌漫的十字路口轉角有一間小茶館，便決定前往歇歇腳，休息一會兒。

在進門前，丹霞還興高采烈地對龐蘊說：「昨晚我夢見了一道白光，這可是個好預兆，表示我們的前途一片光明。」龐蘊笑而不語。

茶館內，一位路過的雲水僧也坐在鄰桌喝茶，瞧他們風塵僕僕的樣子，好奇地問說：「兩位施主要去哪裡？」

丹霞回答：「到京城考試，看能不能被選上當官。」

雲水僧忽然搖頭：「選官？眞可惜！」

兩人對僧人的反應感到奇怪，從政當官可說是當時最熱門的仕途，全中國最優越的人才無不擠破頭殼，想擠進這道結合了權力和富貴的窄

門，從此飛黃騰達、光宗耀祖，哪有人會覺得「可惜」呢？

「難道這世界上有比當官更好的差事？」丹霞疑惑地問。

雲水僧理所當然地說：「沒錯，選官不如選做佛。」

龐蘊和丹霞同時應道：「做佛？」

雲水僧點頭：「是啊！做佛當然比做官好，做佛可以得到開悟，求取心靈的解脫；做官則被名利給束縛，失去了自由，更何況官場相鬥，不亞於一場戰爭，而名利的欲望無窮，沒有滿足的一天。」

龐蘊的家世顯赫，世代為儒，但他從小就對生命的實相很感興趣，而丹霞也是很有慧根的人。兩人一聽僧人如此說，便又問：「去哪兒選做佛呢？」

雲水僧指示說：「江西或湖南。」

雲水僧離開了茶館之後，留下這兩個徬徨的年輕人，兩人你看著

---

①馬祖道一和石頭希遷是唐朝最著名的兩位禪師，他們一個住在江西，一個住在湖南，唐朝的人們若要修行，經常是來回江西和湖南向兩位禪師學道，這就是當時盛行的「走江湖」。

我、我看著你。

「那我們還要去京城應試嗎？」丹霞問。

龐蘊回問：「你不是夢見一道白光嗎？那就是不管如何抉擇，前程都會是一片光明，既然如此，何不選擇我們眞正想走的路。」

丹霞點點頭，明白了哪一條路才是自己的道途，在這個人生的十字路口上，兩個人轉了一個彎，選擇了另一個方向，不去長安應試，而是遊走江湖[1]。

他們先去拜見了湖南的石頭希遷，丹霞在石頭禪師那裡出家，龐蘊也得到一些啓發，後來龐蘊又去參訪江西的馬祖道一，得到更深的領悟，成爲唐朝最有名的龐居士，被視爲維摩詰大士的化身。

當我們站在人生的十字路口時，請記住一件很重要的事，那就是：傾聽自己的心，不要相信眼睛。

因爲心會告訴我們如何踏上夢想之路，而眼睛總是沉迷於稍縱即逝的海市蜃樓。

不管要站在十字路口多久，才能前往下一步，請記得：抬頭看天空飛過的雲朵，低頭看路邊的小花，關心身邊行動不便的老人和孩子，給予交通警察一個微笑，也給周圍的人一個鼓勵，因爲不只有自己，還有許許多多的人陪著我們徘徊在十字路口，當然也包括了諸佛和菩薩。

面對死亡的態度。

說起來龐蘊眞是個脫俗之人。

他初參石頭禪師，問了一句：「不與萬法爲侶者，是什麼人？」

我們生而爲人，哪一天、哪一時、哪一事不是和萬法緊緊相扣，而且法的本質是無常、是變遷的，能不與萬法爲侶，不受其束縛，並超越無常的人，便是一個解脫的人。

結果石頭禪師什麼都沒說，只以手掩口，龐蘊略有所悟。同樣的問題他後來又問了馬祖禪師，馬祖更絕了，回答：「待汝一口吸盡西江水，即向汝道。」等你一口把西江水飲盡，我就跟你說。

龐蘊當下豁然明白，當然這是個譬喻，誰能一口飲盡西江水？但一個明心見性的人，即能了解「萬法皆爲我師」的道理，他的眼界所及也將超越萬法。

龐蘊留在馬祖禪師身邊學習兩年後，禪機已是無人能及，可他也沒有出家，而是帶著妻子兒女跑到鹿門山下過著簡單的躬耕生活，還把萬貫家財全數拋入湘江，毫不留戀，這種不爲金錢所束縛的能捨精神，夠瀟灑了吧！反觀現代社會，哪個人不是在追求累積，誰能眞的放下呢？

沒有放下舊有的「自我」，就沒有全然的新生。

龐蘊一家人過著簡樸的田園生活，處處自在，從日用事得取現成的禪悅，也就是所謂的樂活族。他的兒子龐大在田裡勞動耕種，不想娶妻，女兒靈照在家編賣竹器，也不願嫁夫。一家四口專心向道，無忮無求，不像一般凡夫窮於比較、應付流俗，總是看見自己不及他人之處而怨聲載道。

爲此，龐蘊寫了一詩偈：「有男不婚，有女不嫁，大家團欒頭，共說無生話。」眞是其樂融融，證明不必娶妻生子也可以得到幸福。

日子過得再愜意，也終有結束的一天。

日出日落，時光飛逝，轉眼龐蘊已成爲一名白髮歐吉桑。死亡的腳步愈來愈近，面對死亡，更能測驗出一個修行人眞正的道行。

但龐蘊果然是龐蘊，他不假死神之手，自己選擇了入滅的日子——某天的正午之時。

這一天，太陽已慢慢移向天空的正中央，他端坐在蒲團上，喚女兒靈照說：「你出去看看正午了沒有？」

機靈的靈照點一下頭，跑到室外，又跑回來：「已經正午了，可是有日蝕。」

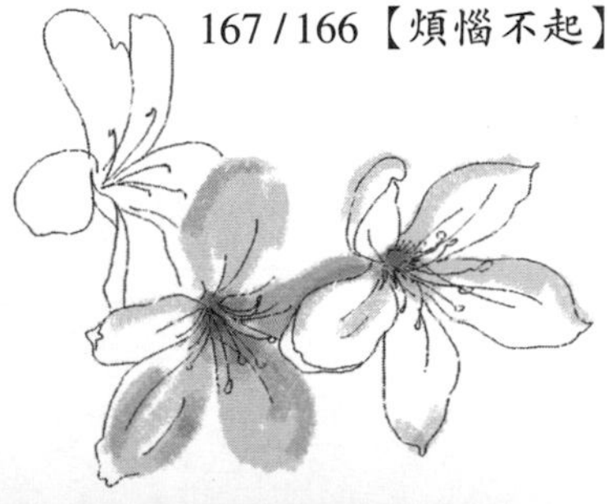

一聽有日蝕，龐蘊狐疑地下座走到屋外抬頭一看，太陽又圓又亮，哪來的日蝕呢？

「這靈照不知又在玩什麼遊戲。」龐蘊邊唸著邊返回房間，只見女兒靈照坐在他的蒲團，早已入滅了。

龐蘊大笑說：「好個靈照，動作眞快，居然知道我要走了，還搶先一步。」

於是龐蘊決定延後七天再死，地方官員于州牧得知他要辭世的消息，趕來勸說：「龐居士你活得好好的，幹嘛死呢！平常人怕死怕得要命，你就這麼不怕死。」

龐蘊笑答：「人生不過是一場鏡花水月，所歷經的一切更如夢幻泡影，本來空無，有什麼好留戀不捨，我死後，請把我的骨灰撒入江河。」說完，就眞的死了！

龐婆婆跑到田裡，將丈夫的死訊告訴正在幹活的龐大：「你老爸走了。」

龐大聽了，既不悲傷，也不難過，忽然哈哈大笑一聲，靠在鋤頭上，也死了。

龐婆婆連續失去三個親人，卻完全沒事一樣，處理好丈夫兒子的後事，向所有街坊鄰居道別，不知去向。

人們以爲這是多麼大的悲劇發生在龐家身上，殊不知這一家人是快樂地活、快樂地死，面對生死大計，他們一派輕鬆，來去自如。

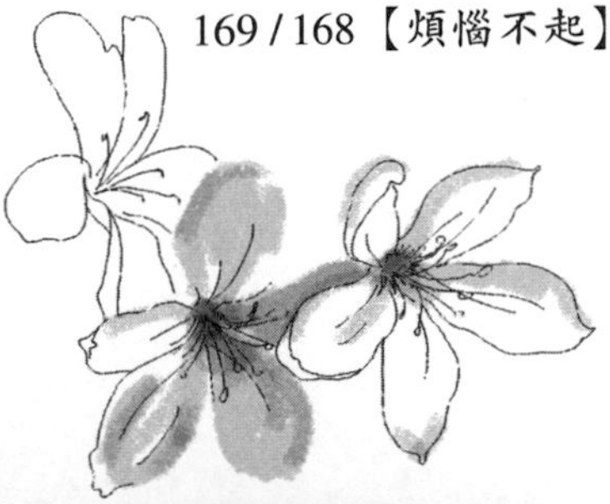

春秋多少。

廣東潮州有一座龍山，在這座幽嶺群山中，唐朝著名的大顛禪師創建了一所靈山禪院。

大顛禪師原與藥山惟儼同事惠照禪師，後來又向石頭希遷參學，得到大無畏法①。之後他帶領弟子在山上的洞穴修行，由於陸續求道的人實在太多了，小小的洞穴容納不下這麼多人，只好另造靈山禪寺，讓數以千計的信眾有個投靠處。

散落在山間的寺宇發出黃色的燭光，彷彿爲迷途於黑暗中的創傷心靈，提供溫暖的慰藉，步向光明的指引。

①開悟之意，開悟之人對生死已然解脫，而面對諸事無所畏懼，故說「大無畏法」。

有一位裝著滿腹學識卻又執拗的大學者，也懷著一顆受傷的心前來靈山拜訪大顛禪師，不過，他可不是來求法，而是來質疑問難的，這個大學者就是唐宋八大家之首的韓愈先生。

原來韓愈是一個不信佛的人，甚至認爲佛教是一種迷信。這也就算了！但他的個性又太剛硬，連篤信佛法的唐憲宗，迎請佛舍利入宮供養，他也要投反對票，還陳了一書〈諫迎佛骨表〉，來表達滿腔自以爲是的除弊建言，氣得唐憲宗把他貶到當時屬於南蠻邊疆的廣東潮州當刺史。

韓愈翻越高聳的秦嶺，跋涉了八千里路，差點賠上一條老命，終於從繁華的京城抵達被放逐的蠻荒之州，心底的鬱悶和壓抑可想而知。更糟的是，沒事時，一大堆空閒時光不知如何排遣，更無知心者可以談心說話。

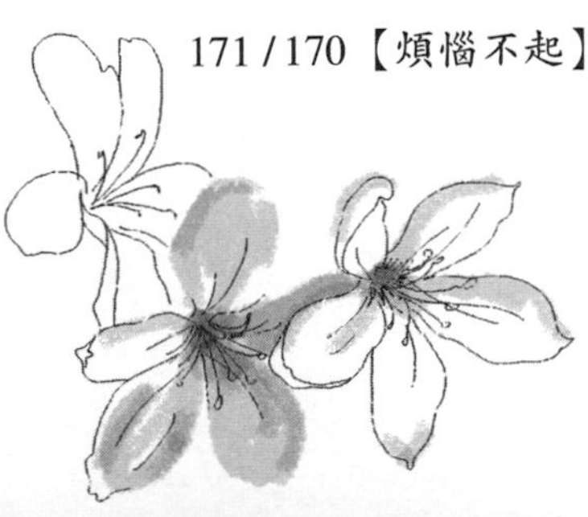

有一天，他耳聞有位言行超然的大顛禪師，是潮州一帶的高僧。一想到佛教，韓愈心底就有氣，便決定上靈山拜訪大顛禪師，探看他究竟何方神聖，值得眾人如此推崇。

韓愈來得不巧，大顛禪師正好在打坐，任憑山風襲來，吹動衣衫，老禪師還是一副渾然入定的狀態。韓愈在樹下徘徊許久，一開始還有點耐性，但隨著日頭漸西，黑夜浮出第一道陰影，韓愈露出了焦躁不安的神情。

一旁的侍者便上前，在老禪師耳邊輕敲引磬三聲，低語說：「先以定動，後以智拔。」

也就是老禪師的禪定工夫已折服了韓愈的驕慢之心，接下來應該以智慧來拔除他的執著。

韓愈一聽，當場告辭謝說：「和尚門風高峻，弟子於侍者邊得個入

---

②佛教中，禪定和智慧的修習，是求解脫和開悟的途徑，與持戒、精進、忍辱、布施合稱為「六度波羅蜜」。禪定為止，智慧為觀，故稱「止觀雙修」。

處。」

究竟，韓愈得到什麼樣的佛門入處呢？

意即禪定和智慧的止觀雙修②。而且老禪師不以言說，而是用實際的身體力行讓韓愈洞悉眞理——不要用頭腦去想像佛教，要親身去驗證佛法的眞確與否。

不久後，韓愈又上山了，因爲他還是百思不得其解，只好再度拜見大顚禪師。

這回大顚禪師眼睛睜開了，未在打坐。

一見老人家翩翩飄逸的神仙模樣，韓愈便問：「請問和尚春秋多少？」

老禪師也不說自己多大歲數，只拈著佛珠問他：「會嗎？」

韓愈回答：「不會。」

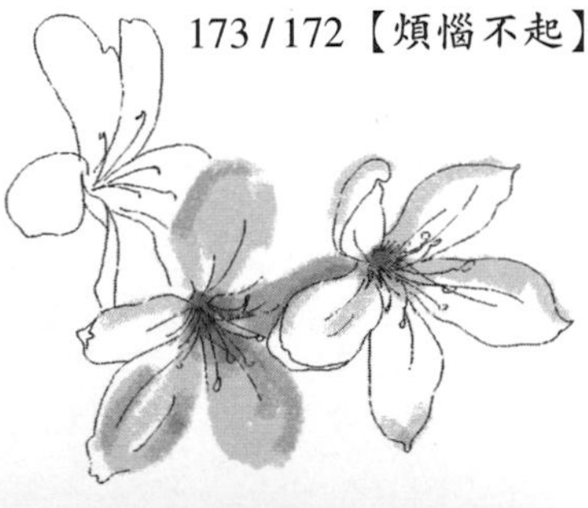

老禪師又說：「晝夜一百八。」

韓愈丈二金剛摸不著頭腦，不知道老禪師的意思爲何？問個年歲有這麼難嗎？

隔天一早，他再來靈山請教，遇見一位打掃的沙彌，直接問道：「請問老和尚春秋多少？」

沙彌啥話也不說，只叩齒三下。

不明所以的韓愈只好踏入殿內，請求大顛禪師開示佛法，沒想到禪師也同樣叩齒三下。

這時韓愈有點懂了：「原來佛法皆然，等無差別。」

就整個宇宙時空而言，一切都是永恆無限的，而生命輪迴只是短暫的現象，既然如此，何必多費嘴舌，計算人生的所得和存在的長短，好好把握時光，及早修行，進入那無垠的諸佛國度。

哦！是這樣麼！

世界上最純潔的人是誰？

日本江戸幕府時期的白隱禪師，應該可以算是最純潔的人了。因爲他心中完全沒有一絲不善的念頭，即使被人誣陷了，他也是笑一笑，坦然地接受。

故事是這樣的。

駿州（靜岡縣）松蔭寺的住持白隱禪師，是日本舉國皆知的臨濟宗大禪師。

有一天，他的鄰居——隔壁豆腐店的老闆，帶著他懷有五個月身孕的女兒，怒氣沖沖地跑來寺院要找他。

白隱禪師才剛現身，豆腐店老闆不問青紅皀白，當場對著大禪師狠罵一頓：「你這老不修，竟敢誘拐我未出嫁的女兒，現在好啦，肚子已經那麼大，你說怎麼辦？虧你還是個修行人。」

白隱禪師確實是個老實的修行人，平時人們總是懷著恭敬崇拜之心，向老禪師請教佛法，誰敢這樣侮辱他呢？而且老禪師年紀也不小了，再怎麼樣也不可能弄大姑娘的肚子，這中間一定有什麼誤會。

寺院門口聚集了一堆閒雜人等，大家都等著看老禪師如何澄清這沒來由的指控，這可是涉及到一位出家人最寶貴的戒律名譽哩！

老禪師聽了後，只當是別人的事一樣，完全沒有任何辯解，平靜地應了一句：「哦！是這樣麼！」

轉頭回返寺內，留下一群議論紛紛的人們：「沒想到老禪師是這樣的人，眞令人太失望了。」

幾個月後，少女順利生下一名男嬰，豆腐店老闆二話不說，把尙在襁褓的嬰兒直接交給白隱禪師：「這是你的孽種，就由你處置吧！」

一旁看熱鬧的人也跟著冷言冷語：「哎呀！父子倆長得眞像。老禪師一把年紀了，還便宜得了個兒子。」

白隱禪師接過孩子，啥話也沒說，還是那一句：「哦！是這樣麼！」

一個老禪師臨時當了爸爸，手忙腳亂地不知如何照顧這個小嬰兒，何況寺院內全是和尙，小嬰兒連吃奶都有問題。

白隱禪師卻很認眞地負起當爸爸的責任，每天抱著孩子走遍大街小巷，請求婦人們哺育小嬰兒，再不然就討些奶水和米漿餵孩子喝。

很快地，這個醜聞傳遍了整個江戶地區，大家都對白隱禪師十分不

屑，過去修行的好名聲，在一夕間全被人否決遺忘。一個禪師變成一隻過街老鼠，那種難堪的處境可想而知。

得知眾人對他嚴厲無情的批判，白隱禪師卻還是老神在在，一樣說：「哦！是這樣麼！」只專心當他的好爸爸，撫養嬰兒長大。

一年後，小男嬰會走路了，豆腐店老闆竟然又出現，要把孩子領回去。原來豆腐店的少女不是和老禪師生了這孩子，而是和另一名年輕的男孩。

因爲當時民風保守，未婚生子是莫大的奇恥大辱，加上兩人的年紀太輕，少女心想父親一定不會答應這門婚事，恐懼之餘，只好編造謊言說是被老禪師欺負的。可是這一年多來，少女一方面很想念自己的兒子，另一方面深覺對老禪師過意不去，便向父親吐露實情。

豆腐店老闆明白後，趕緊來向白隱禪師謝罪：「師父！我眞是對不住您，不但令您蒙受冤枉，毀您清譽，還白白讓您幫我養了一年的孫子，我眞是慚愧啊！」

眞相都已經大白了，白隱禪師仍是一派淡然輕鬆：「哦！是這樣麼！」笑笑地把孩子送還對方。

若不是心性純潔，怎會有這般無所罣礙的修爲呢？

處處保持著客觀的覺知：「哦！是這樣麼！」

心，卻不爲所動。

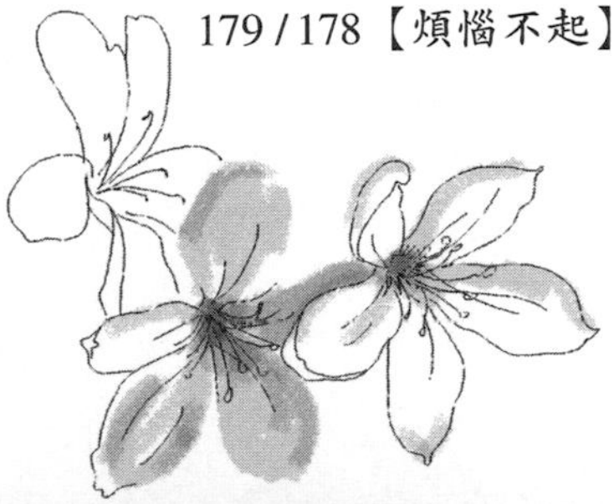

多觀到無觀。

白隱禪師是因爲小時候害怕死後會墮入地獄，而開啓了他的修行之路。

十五歲就出家的他，在十九歲那一年掛單神叢寺時，聽到一則《江湖集》公案——巖頭和尚遇賊被斬，大叫一聲，遠播數里。他因而對修行生起了退失心，心想：連大禪師都無法避掉賊難，甚至還驚恐地大叫，自己的修行不足，又怎能躲得掉命運的劫數呢？

直到後來在曬書時，隨意拿起《禪關策進》一書，翻閱到慈明和尚以錐刺股精進修行的事蹟，非常感動，便決定走訪名師，專心修禪。

---

① 巖頭為中國著名禪師，後遇唐末黃巢之亂，死於盜賊之手。事實上，一個大修行人仍有其定業，巖頭遇害即是宿業所致，但大修行人超越因果，對此已無所畏怯。而悟道前的白隱，誤以為巖頭害怕死亡所以大叫，連修行也逃不過劫數，悟道後的白隱明白了實相，故說巖頭安在。

二十四歲時，白隱在越後（新潟縣）的高田英巖寺聽性徹和尚講經。某天清晨，他在打坐時，忽聞遠方寺院響起的鐘聲，恍然大悟地叫著：「哈哈！巖頭和尚安在，他一點都沒事。」總算一掃過去對此公案的疑慮①。

他的悟境，性徹和尚無法體會，於是他跑去飯山找臨濟宗傳人正受老人印證。

一開始，正受老人不理會他，還把他擋在門外，白隱不顧狼群出沒，在寺外打坐一整晚。隔天入寺，還和正受老人你來我往、唇槍舌劍一番。

正受老人問他：「趙州無字爲何？」

白隱回答：「趙州之無，無處可著手。」

正受老人狠狠地用指頭壓白隱的鼻頭：「這就著手了。」

還笑罵他：「你這鬼窟裡的禪和尚。」

正受老人並未認可白隱的開悟，之後白隱陸續又提出新的見解，每次都被正受老人打罵一頓，推出門外。這樣約莫半年，白隱過著有一餐沒一餐的乞討生活，身體變得十分虛弱。

一天，他在某戶人家托缽，被一位老太婆趕走：「去別的地方。」白隱神識恍惚，站著不走，老太婆便拿起掃把，往他身上打去。白隱當場不支倒地，奇特的是，醒來後，他整個人都變了！

所有那些沒來由的自我和驕傲，甚至是焦慮和慌張都消失了，眼前是一片明朗清澈的空無，既沒有什麼，也不必再追求什麼，就是這樣完整而具足。

白隱抖去身上的灰塵，回到正受老人身邊，這回老人不罵他，也不打他了：「你已經變了！」

他不僅印可了白隱，還收他爲傳法弟子，成爲正式的繼承人。不久，白隱得知沼津的息道恩師病危，他只好告別正受老人離開飯山，正受老人還親自送他兩里路程。

到沼津後，息道和尚病已痊癒，白隱禪師便又雲遊各地，到處禪修。或許修得太認眞、太猛烈了，三十一歲的他居然得了嚴重的禪病——頭部發熱，腰部以下卻麻痺冰冷，胸口絞痛鬱悶，流淚耳鳴，夜不成眠，整個人就快死掉的樣子。

他忍耐著巨痛，前往京都附近尋訪白河山洞內的白幽仙人，求他救命。聽說白幽仙人已經兩、三百歲了，是一位隱遁的大修行人，平時總是避不見人。

在一片柔軟草地上，白隱終於見到這位仙人，仙人告訴他：「你這是禪病，就是過於急躁追求眞理，失去了調節，才會如此。」

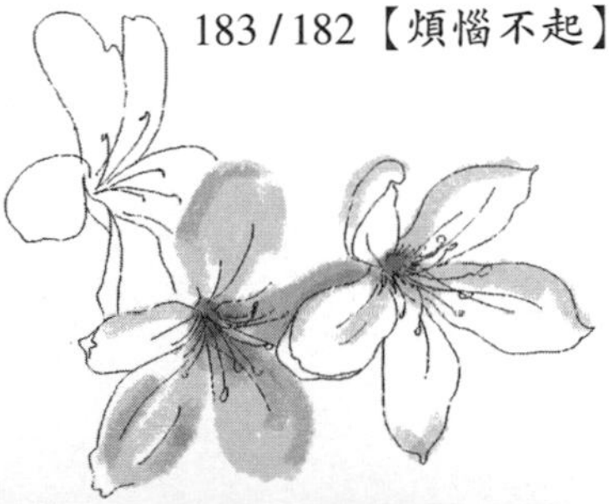

仙人又指示他：「一般修行人往往落於多觀，反而容易誤入歧途。應改為無觀，面對境相，不起第二念。任何時候，以中立的角度，保持心的覺知與平衡。」

白隱禪師從白幽仙人處得到內觀法及軟酥法，又往美濃古溪底的巖瀧山坐禪兩年，終於治好禪病。爾後，他擔任松蔭寺住持，成為日本顯赫一時的大禪師。

八十四歲時，他自知年壽將盡，醫生卻診不出毛病，他笑說：「不能三天前預知人之將死，就不是良醫。」

三天後，他睡覺醒來，「嗯」了一聲，就過世了！

但莫憎愛。

禪宗三祖僧璨大師，是一位低調到不行的大修行者。

他隱遁岩穴，實修實證，幾乎是不出世的。不出世到令人完全忘記他的存在，可是他所留下的《信心銘》，卻是中國禪宗最經典的心之詩偈。

北齊天平二年，一位身穿白衣的中年居士，來向二祖慧可求見，請慧可禪師爲他懺罪。

爲什麼要懺罪呢？

因爲這位年過四十的中年人深爲宿疾所苦，也就是一般人所說的業障病纏身。

白衣居士對慧可說：「弟子身患風疾，請和尚爲我懺罪。」

二祖慧可也絕了！立刻回答：「好呀！那你把罪拿來，我爲你懺除。」

居士愣了一下，心想：「我去哪裡找『罪』呢？」要說是前世的業力所致，前世造了什麼罪行，他也無從得知。

他想了很久，才終於說：「覓罪不可得。」

二祖笑了笑：「既然如此，我已經爲你懺好罪了。以後你應依佛法僧安住。」

居士疑惑地問：「我現在見到和尚您，知道什麼是僧，可是不知道佛和法爲何？」

慧可回答道：「心就是佛，心就是法，佛、法是無二的，僧也是一樣。」

白衣居士大悟說：「我今天終於知道罪性不在外，不在內，也不在中間，一切都是心所造，佛法也是一樣，沒有差別。」

說得慧可大感讚嘆，立刻爲他剃髮，收爲傳法弟子：「你眞是吾寶啊！以後法名就叫『僧璨』。」

僧璨陪侍二祖兩年後，風疾漸已痊癒，可是頭髮卻都掉光了。

有一天，二祖將達摩大師所授的衣法交給他，並說：「這是達摩祖師傳給我的禪宗衣法，我現在將它傳給你，你千萬要盡心守護，不要讓心法斷絕。」

僧璨接過衣法，二祖慧可又叮囑說：「你雖然繼承我的法脈，但千萬不可輕易教化，要往愈遠的深山躲去愈好，因爲即將有國難。」

僧璨聽了好奇地問：「師父既能預知未來，還請進一步指示。」

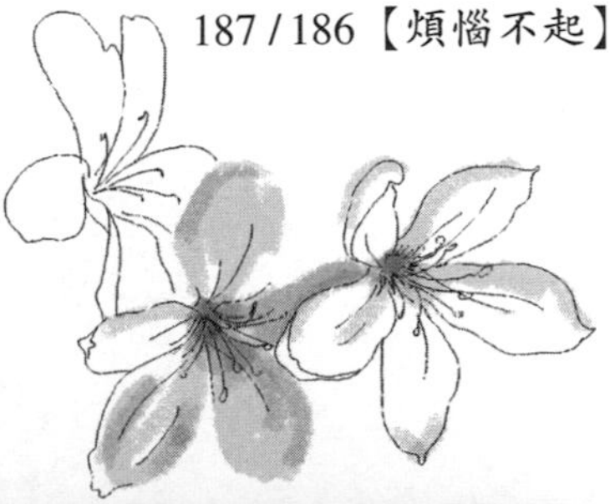

慧可搖頭：「這不是我的預言，而是達摩祖師的師父般若多羅所見：『心中雖吉外頭凶』，我推算一下年代，正是你這時候。你一定聽我的話，不要沾惹這個大災難，現在我要去了結我的宿業了，等時機成熟時，你再把正法傳承下去。」

說完，師徒倆就分手了！一個往鄴都遊化①，屢遭迫害後，隱姓埋名，藏身市井街巷隨緣說法，後來示寂②；另一個則往返於安徽舒州的皖公山和太湖縣司空山之間，在深山裡的山巖水澤隱居修行，等待弘法的因緣。

這時中國的佛教黑暗期來臨了，北周武帝下令廢除佛、道，不僅把所有的寺院經像毀滅燒盡，還命所有僧、道還俗。又揮軍攻占北齊鄴都，一樣將佛、道全數破壞鏟除，正是史上著名的「周武法難」。

僧璨安然地在山中度過無甲子的日與夜，也躲開了這場浩劫，完整

---

①遊方教化。

②圓寂。

③佛，即覺悟之人，也就是覺者。

保存著禪宗的衣法，準備交給另一位有緣人——四祖道信。

在僧璨所作的《信心銘》中，一開始便提出求道的心法：「至道無難，唯嫌揀擇。但莫憎愛，洞然明白。」

通往至道（宇宙眞相）之路並不困難，可是能見道的人爲何少之又少呢？因爲大部分人都落入「揀擇」之中，不相信道就是這麼簡單，而抱以懷疑之心，在各種修行法門的百貨櫥窗中東挑西選，只要老實修行，不懷喜惡的執著心，就能了悟道的眞諦。

也可以如此詮釋：成佛（覺者）③是很容易的，最大的問題是凡夫好取捨分別的心，障礙了成佛之道，若能放下愛憎，遇上逆境並不憎惡，對於順境也不貪戀，即能明白覺知、洞然開悟。

僧璨所談的重點，正是佛陀最寶貴的教法——不落兩邊的中庸平衡之道。行持中庸之道，自然能成佛。

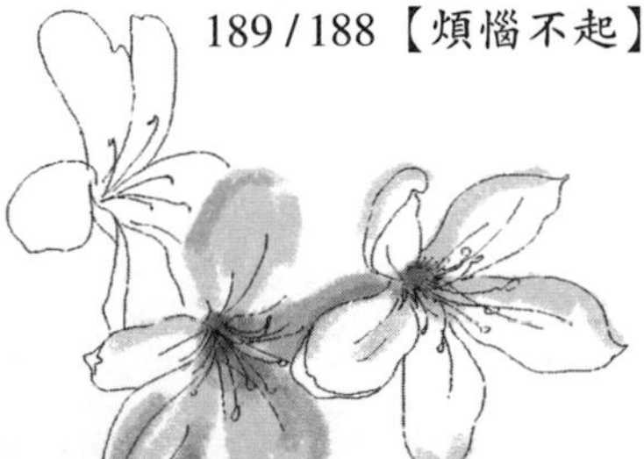

《信心銘》——隋・僧璨／文

至道無難，唯嫌揀擇。但莫憎愛，洞然明白。
毫釐有差，天地懸隔。欲得現前，莫存順逆。
違順相爭，是爲心病。不識玄旨，徒勞念靜。
圓同太虛，無欠無餘。良由取捨，所以不如。
莫逐有緣，勿住空忍。一種平懷，泯然自盡。
止動歸止，止更彌動。唯滯兩邊，寧知一種。
一種不通，兩處失功。遣有沒有，從空背空。
多言多慮，轉不相應。絕言絕慮，無處不通。
歸根得旨，隨照失宗。須臾返照，勝卻前空。
前空轉變，皆由妄見。不用求眞，唯須息見。

二見不住，愼莫追尋。纔有是非，紛然失心。
二由一有，一亦莫守。一心不生，萬法無咎。
無咎無法，不生不心。能由境滅，境逐能沉。
境由能境，能由境能。欲知兩段，元是一空。
一空同兩，齊含萬象。不見精粗，寧有偏黨。
大道體寬，無易無難。小見狐疑，轉急轉遲。
執之失度，必入邪路。放之自然，體無去住。
任性合道，逍遙絕惱。繫念乖眞，昏沉不好。
不好勞神，何用疏親。欲取一乘，勿惡六塵。
六塵不惡，還同正覺。智者無爲，愚人自縛。
法無異法，妄自愛著。將心用心，豈非大錯。
迷生寂亂，悟無好惡。一切二邊，良由斟酌。

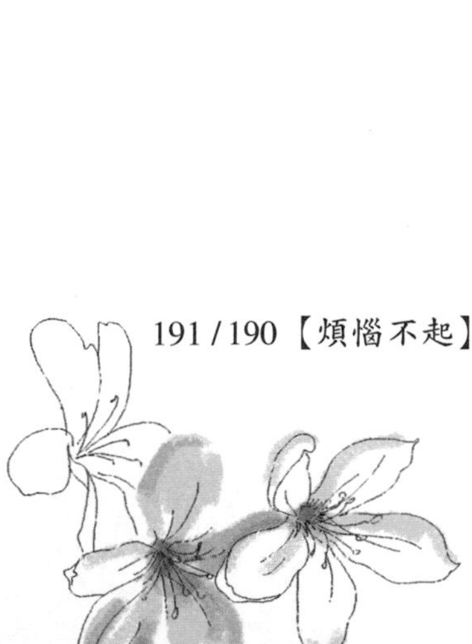

夢幻空花，何勞把捉。得失是非，一時放卻。
眼若不睡，諸夢自除。心若不異，萬法一如。
一如體玄，兀爾忘緣。萬法齊觀，歸復自然。
泯其所以，不可方比。止動無動，動止無止。
兩既不成，一何有爾。究竟窮極，不存軌則。
契心平等，所作俱息。狐疑盡淨，正信調直。
一切不留，無可記憶。虛明自照，不勞心力。
非思量處，識情難測。真如法界，無他無自。
要急相應，唯言不二。不二皆同，無不包容。
十方智者，皆入此宗。宗非促延，一念萬年。
無在不在，十方目前。極小同大，忘絕境界。
極大同小，不見邊表。有即是無，無即是有。

若不如此，必不須守。一即一切，一切即一。
但能如是，何慮不畢。信心不二，不二信心。
言語道斷，非去來今。

誰綁住你？

終於，等到天下太平的一刻。

南北朝結束了，隋朝開始了。

三祖僧璨還在皖公山隱修，過著流浪的生活。可是慢慢的，人們知道這座深山裡住著一個深藏不露的禪師。

有一位道信少年，一出生就很特別，從小對於解脫的法門很感興趣，才七歲便出家了。

道信的剃度師父是一個不守戒行的出家人，這在當時僧團規矩蕩然無存的混亂時代裡，或許司空見慣、見怪不怪了。可是這位生性純潔的小沙彌卻看不下去，屢屢勸導師父都不聽，只好自己守持清淨齋戒，前後長達五年之久，而他的師父竟然一點都不知道。

隋文帝開皇十二年，十四歲的道信，聽說皖公山有位禪宗大師，專修解脫法門。他懷著一股莫名的嚮往與衝動，也不管旅程有多遠，徒步從河南一路跋涉到安徽，在偌大的皖公山森林深處，找尋著僧璨的影蹤。

他的運氣眞的很好，僧璨大師雖然居無定所，仍舊被道信沙彌給遇上了。

其實也應該說僧璨大師知道傳法的時間已到，所以他停留在此地，等待著有緣人出現。

道信少年一見到隱世多年的修行者，並無一絲畏怯，大膽地提問：

「師父，佛心究竟是什麼？」

僧璨也不把他當成一個不懂事的孩兒，直接點撥他的迷惑處，反問

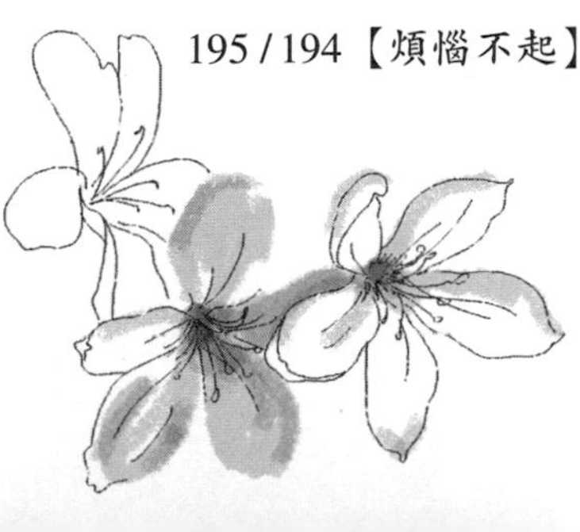

他：「那你現在是什麼心？」

道信率直地回答：「我現在無心。」

僧璨笑說：「你都沒有心了，佛怎麼會有心呢？」

道信聽不明白，進而祈求說：「願師父慈悲，爲我指引解脫法門。」

僧璨又問他：「誰綁住你了呢？」

道信天眞地說：「沒人綁住我啊！」

僧璨神色自若地說：「既然沒人綁住你，那你爲什麼要求解脫？」

道信一聽頓然領悟。

我們總是在尋找生命的解脫之道，但曾否仔細深思，究竟是什麼綁住了我們？是名、是利、是情愛，還是自己一顆不能安穩的心。

我們總是急著奔向前方，活著的每一刻都像在趕行程似地焦慮不安，把人生過得像一個既緊張又招搖的霓虹燈，一直快速轉個不停，只活在別人的眼光中，內心卻在沉睡，只忙著追求無關緊要的東西，然後再被它們所束縛，痛苦不堪。

事實上，你不需要做什麼，因爲沒有任何什麼綁住你，那是你的想法。你只要靜下來、慢下來，享受這一刻，就是回家了！

道信悟道後，留在僧璨身邊九年時光，持續修行鍛鍊，直到因緣具足了，三祖正式將禪宗衣法傳給道信，並說：「以前慧可大師付我法後，即往鄴都遊化三十年入滅，今天我已有你這位傳承的人，也應該四處遊走、廣行教化了。」

道信聽後，忙說：「那我跟師父一起同行。」

僧璨卻不同意：「你我使命不同，你要待在這裡，爲將來大弘禪法做準備，以利益更多的眾生。」

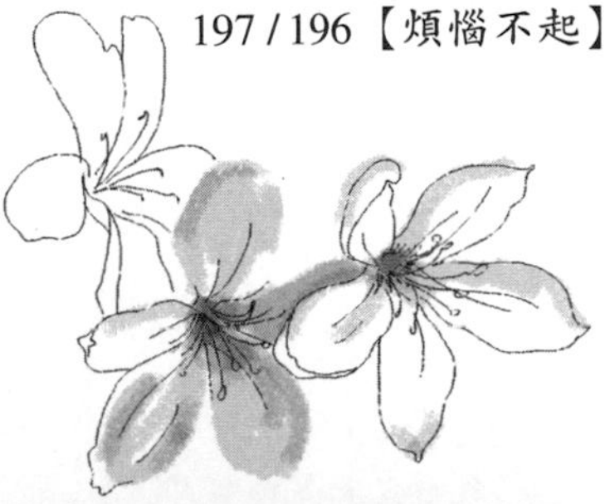

果然，如僧璨所說，道信成爲中國禪宗農禪修行的第一人，他結束禪宗初祖到三祖隨緣教化的雲水生活方式，在蘄州黃梅雙峰山建立禪院，會聚五百僧眾，定居墾荒，自給自足，將禪宗修行擴展到更廣大的人群和日常生活中。

一切現成。

這一場暴風雨無預警地降臨，下得漫天漫地，阻礙了三名行腳僧侶前進的步伐。

其中一位僧人法眼文益，才在福州跟隨長慶慧稜習禪，可惜一直未有領悟，便邀約兩名同伴一起雲遊參學，走著走著，來到漳州城西遇上這場偌大的暴風雨。

雨下得十分猛烈，看樣子一時半刻是停不了的。

文益說：「老天爺大概要我們待在這裡，不如到附近的地藏院走訪一下，等雨停後再啟程。」紹修和法進點頭表示同意。

三人便冒雨來到地藏院，羅漢桂琛禪師很熱情地迎接他們，「進來休息一下吧！」

幾個人圍坐在爐火旁取暖，烘乾衣物，喝一杯熱茶，和桂琛禪師聊起禪法，別有一番雨中的詩意與禪味。

桂琛禪師問說：「此行為何？」

文益回答：「行腳去！」

桂琛禪師又問：「什麼是行腳事？」

文益搖頭：「不知。」

桂琛禪師點頭說：「不知最好。」

接著又對三位年輕僧侶談及《肇論》，說到「天地與我同根」時，桂琛禪師問大家：「山河大地和諸位是一樣，還是不一樣呢？」

其他人不語，文益說：「不一樣。」桂琛禪師豎起兩指。

---

①簡言之，世界萬物山河大地，都是由個人的心識妄想變化而成。

文益又說：「一樣。」桂琛禪師還是豎起兩指，然後離去。

隔天一早，天晴了，一行人準備離去，桂琛禪師親自送到門口，文益等人向他作揖辭行。

桂琛禪師知道文益是個可造之才，這時故意指著庭院的一塊石頭問他：「您之前說『三界唯心，萬法唯識』①。那麼請問閣下，這塊石頭在您的心內，還是心外？」

文益說：「在心內。」

桂琛禪師反問他：「行腳人四處漂泊，應當輕裝簡從，幹什麼在心裡擺一顆沉重的石頭？」

說得文益無言以對，將手中的包袱放下，決定不和其他兩人一起走了，暫且停留此處，把這想不通的道理好好思索清楚，再放心地離開。

就這樣，文益又在地藏院待了一個月，每日向桂琛禪師提出他的見

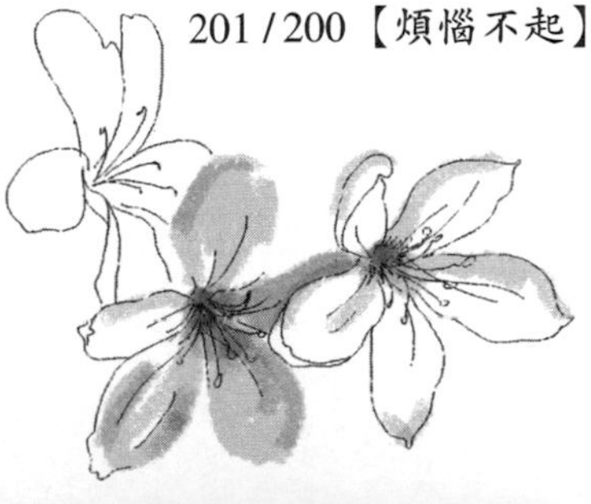

解，可還是未有所獲，到後來只剩下一片沉默了。

桂琛禪師便問他：「你對佛法不在意了嗎？」

文益嘆一口氣說：「我已經是詞窮理絕，不知如何是好！」

桂琛禪師這才點化他：「若論佛法，一切現成，無處不是佛法。」日月星辰，春夏秋冬，花開花謝，潮起潮伏……，一切都是自然而然，一切都是佛法的示現。就算心中有一塊石頭，也是佛法的示現，也就任它自然地存在，何必太過在乎、視它爲負擔呢？

文益得到莫大啓悟，便留下來拜桂琛禪師爲師，不再轉往他方，幾經淬鍊後，繼承其禪法法脈，成爲當代「深入經藏、智慧如海」的大禪師。

後來文益創立了中國禪宗的最後一宗「法眼宗」，強調禪法與淨土思想的融合，以廣大圓融的宗風，開展禪宗嶄新氣象，聲名遠播，連高麗、日本的僧人也紛紛渡海來求法。

五代南唐的李國主對文益更是禮敬有加，不僅親自迎接他到金陵國都，住在報恩院，還事以師禮，賜號「淨慧大師」。

一天，文益和李國主論道完畢後，同去觀賞牡丹花開。李國主請他作一首詩偈，文益吟道：「擁毳對芳叢，由來趣不同，髮從今日白，花是去年紅，豔冶隨朝露，馨香逐晚風，何須待零落，然後始知空。」

世事無常，就算再美好，終究還是會凋零，李國主當下頓悟其意。

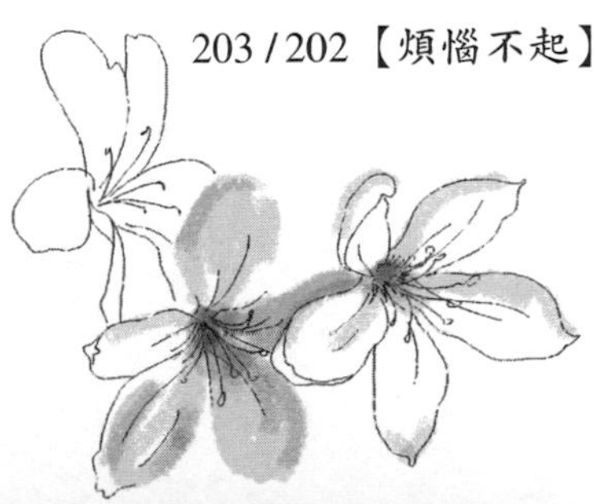

睡覺去。

澧州鼇山的荒郊，有一間野店。

冬季裡的第一場大雪，封住這裡所有的山川、平原、城鎮、市街，變成一片雪白國度。連野店對外聯絡的道路，也被深雪淹藏不見，看起來更加孤伶伶了。

夜已晚了，野店住宿的旅客們都休憩了，邊間客房內的僧人雪峰義存卻還不睡，一直在用功打坐，他的師兄巖頭全豁則是呼聲不斷，不知夢遊到何方。

這兩人被大雪阻在這家野店已經多日，哪兒也不能去，什麼事也不

---

①精通戒律的法師。

能做。巖頭每天只管睡覺，而義存堅持坐禪。

從小就拜慶玄律師①爲師的義存，十七歲正式剃度出家。二十四歲時，唐武宗毀教滅法，他正隱居芙蓉山，跟隨宏照禪師習禪，後來也拜見曹洞宗祖師——洞山良价，並在那裡擔任飯頭，可是他和良价的機緣並不契合，良价說：「據子因緣，合在德山。」

義存便轉往湖南武陵的德山，向宣鑒禪師學習。當時巖頭全奯和欽山文邃兩位禪師也在德山座下，他們師兄弟三人彼此友善、相互提攜，眞可謂禪門中的好哥兒們。

有一回，義存問德山宣鑒說：「從上宗乘中事，學人還有分也無？」意即：關於明心見性的徹悟大事，我可以得到嗎？

德山宣鑒站起來給他一棒：「你說什麼！」

義存不明其意，第二天再度請益，德山宣鑒只好說：「我宗無語

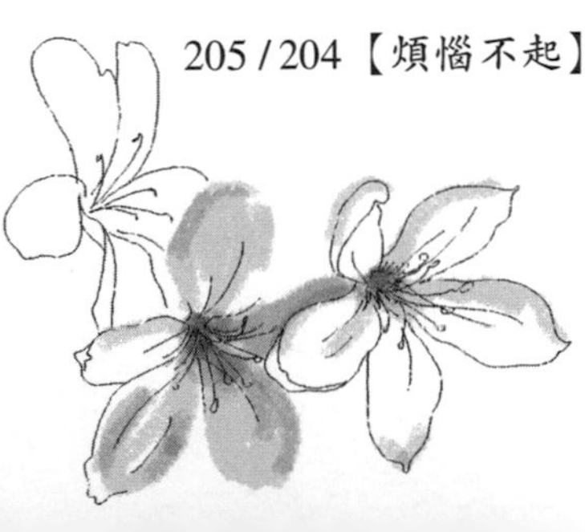

句，實無一法與人。」

也就是：明心見性的大事，是沒辦法用語言文字去表達的，如果透過語言文字敘述，就已脫離事物的原貌。

義存聽後有所省悟，不過，心中仍有疑問。

過了不久，義存和師兄巖頭外出，卻被困在雪中的野店內。義存爲求開悟，拚命打坐，不敢稍怠片刻，而巖頭整日睡懶覺，讓義存實在看不過去，便喊他說：「師兄！起來。」

巖頭應道：「做什麼？」

義存抱怨他：「我這輩子命運眞不順，淨碰上一些倒楣事。先是和文邃這傢伙行腳，到處被他拖累。今天和你來到這裡，你卻只管睡大覺，也不用功修行。」

巖頭一聽，喝了一聲：「呵！睡覺去。你每天在床上坐禪，就像村裡的土地爺，以後專門魅惑人家的善男信女。」

義存指著自己的胸口說：「我這裡不安穩，不敢欺騙自己。」

巖頭笑說：「我以爲你將來要在孤峰頂上結草庵，弘揚禪宗大法，還說這種話！」

「可是我實在心中未安穩。」

巖頭慷慨地說：「好吧！果眞如此，你把你所見的一一說來，我來幫你印證看看。」

義存娓娓道來：「我第一次參鹽官齊安禪師，從他所談的色空義理得到入門。」

巖頭搖頭：「以後三十年，不要再談此事。」

「之後我讀了洞山良价的〈過水偈〉：『切忌從他覓，迢迢與我疏。渠今正是我，我今不是渠。』」

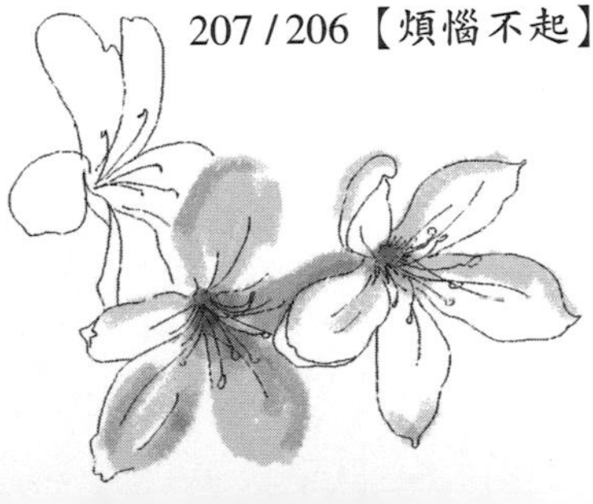

巖頭還是搖頭：「這樣的話，自救還是不夠徹底。」

「後來我問德山禪師：『從上宗乘中事，學人還有分也無？』被德山打了一棒，說：『道什麼！』當時如桶底脫落一般②。」

巖頭忽然大喝說：「你沒聽過，從門外來的不是家珍？」巖頭禪師三次點化，就是要義存一一放下別人的見解和領略，而從自己的內心去實證。

義存接著問：「那我以後該怎麼做？」

巖頭說：「以後如要播揚大教，一切都要從自己胸襟流出，才能涵蓋整個天地。」

義存這下眞的大徹大悟了，站起來向巖頭行禮，連聲說：「師兄，今日起才眞的是鼇山成道！」

---

②禪宗以此說法比喻頓悟。

萬物合一

永遠要保持心中的超然高度，
隨處自在，
不要忘記我們一直身在廣闊的禪床中，
整個大千世界都是無限的禪床。

入地獄去。

雪峰義存四十四歲時，告別德山禪師，和巖頭一起浪跡天涯，漫遊行腳。

第二年，他們在路上又和欽山相遇，三人結伴同行。

某個晚上，他們在一家旅店住宿，打坐完畢後，就著一盞橙光燭火，忽然聊起了以後各人的志願。

巖頭先說：「我希望能有一艘小船，晃蕩五湖四海，和江畔釣魚漢子坐在一塊，就這樣過卻一生。」

欽山則說：「我願在大州城內安住下來，讓節度史禮遇我爲師。」

義存接著說：「我想在某個十字路口蓋一座禪院，如法地供養師僧。」

後來，義存和好友巖頭、欽山分手，巖頭前往龍山，欽山北上澧陽，義存還回閩地，從此各化一方。

義存跑去福州西邊雪峰鳳凰山的一株枯木內結庵修行，這裡海拔一千公尺，主峰終年積雪，故稱雪峰。

一個下雪天，地主藍文卿遠望枯木庵大放光芒，近前一看，原來是義存禪師身著薄衣正在打坐，大受感動之餘，便決定捐地給他建造道場。加上行實禪師的協助和福州刺史韋岫的支持，雪峰禪院就這麼創立了起來。

唐朝末年發生了一場史上著名的黃巢之亂，在義存五十七歲時，亂事由北往南擴及到了閩地，直到他六十三歲時才總算平定，而在這場戰

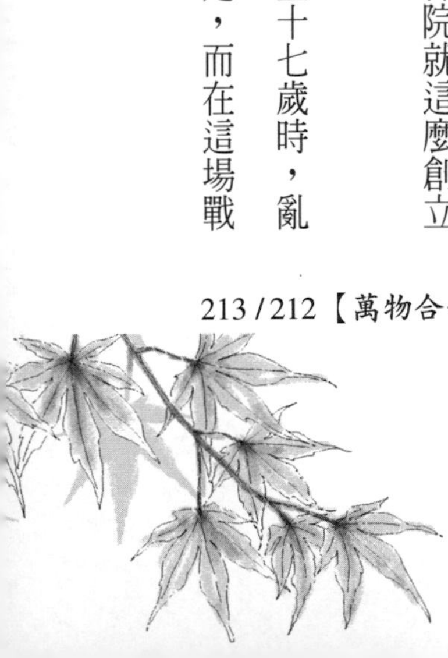

亂中，他那六十六歲的師兄巖頭，死於盜賊之手。

後來王審知占據了閩越之地，建立了五代十國的閩國，他對義存十分禮遇尊崇，常向他請教佛法。

至於當年義存爲何會有在路頭興建禪寺的念頭呢？

套一句他常說的話：「入地獄去。」

有一天，義存在雪峰寺上堂向學人們開示，忽然想起了以前在旅店和巖頭、欽山訴說志願的往事。那些早年的夢想像鳥一樣，自遙遠的從前飛入他的心間。

義存突然有感而發地說起這段故事，並說：「自此之後，巖頭和欽山果然不違本願，只是老僧有違初衷，住在這裡，造得了地獄渣滓。」

這當然是客氣話，因爲義存在當時的影響力可說是盛況空前，身邊弟子常達一千七百多人，後來他的法系還衍生出雲門宗和法眼宗，禪門五宗就占了其中兩宗。

在場的學僧沒人出聲，義存又說：「誰有問題可以提出來。」

一名學僧打破沉默，禮拜問說：「不知道這裡（心）的事如何？」

義存回答：「入地獄去。」

有人又問：「古人曾說，欲得不招無間業，莫謗如來正法輪。如何得以不謗如來正法輪？」

義存一樣回答：「入地獄去。」

另一名學僧則問：「怎樣是涅槃呢？」

義存還是同樣的答案：「入地獄去。」

說什麼義存都是教人入地獄。

究竟地獄在哪裡？是在永無出期的黑暗深淵，遭受永無止盡的凌虐之苦。眾人學佛，正是要離苦得樂，怎麼義存教人入地獄呢？

也許生長在亂世時代的義存，感知到地獄不在死後的他方，而是在自己的心間。

當事與願違時，地獄就來了。

當貪婪生起時，地獄也出現了。

當失去所愛時，地獄更是歷歷在目。

更別說某些掌權者爲了私己的權力欲望，發起國家的戰爭，讓老百姓深受家破人亡的人間煉獄之苦。

這種種生老病死不圓滿的無常人生，不是地獄，是什麼呢?

身爲一個禪師，就是要以入地獄的決心，無爲而無不爲，面對種種的苦，去挑戰它們，最後超越它們，並以慈悲喜捨的精神，帶領大眾轉法輪、證涅槃，如此才能眞正脫離苦海，脫離地獄。

點哪個心？

夏日第一聲蟬鳴響起，一名和尚挑著一個擔子，正從四川盆地出發，越過盤旋曲折的山路，風塵僕僕往中國南方前行。

這擔子可不輕，裝著全是和尚多年來窮究經論的結晶，也就是《金剛經》的註解——《金剛經青龍疏鈔》，層疊龐然的疏鈔多達一百二十卷，挑起來也有幾十塊磚頭那麼沉。

如此辛苦載重地趕往南方，究竟爲何？

原來這個和尚名叫德山宣鑑，俗姓周，年少出家的他，潛修大小乘諸經，尤其對《金剛經》更是鑽研深入，自己還參考古籍，註了一大部

《金剛經》註解到處講學，四川人都尊他爲「周金剛」。

這時正好是唐朝南禪興盛的時刻，因聞《金剛經》悟道的六祖惠能，所提倡的「不立文字、直指人心、見性成佛」頓悟禪教，早已透過馬祖道一和石頭希遷等人的傳播，從南方往整個中國遍地開花了起來。

位在偏遠四川的宣鑑得知後非常生氣，憤憤不平地說：「出家人歷經千劫才得學佛的威儀，歷經萬劫才能學佛的細行。如今這些南方魔子竟敢說直指人心，見性成佛，我應當直搗窟穴，好好和他們辯論一番，降伏這些妖邪，以報佛恩。」

懷著滿腔正義感，宣鑑將所有疏鈔打包好，立即動身。一路來到湖南澧陽時，看見一位老婆子正在賣油滋點心，是用米做成的炸煎餅，表層再抹上一層糖。

趕路的宣鑑也覺得肚子有點餓了，便上前向老婆子買點心。

老婆子看這位外地和尚滿頭大汗地挑著重擔，好奇地問：「這裝什麼來著？」

宣鑑得意地說：「我註解的《青龍疏鈔》。」

老婆子又問：「講什麼經啊？」

宣鑑回答：「《金剛經》。」

這老婆子並非尋常之輩，頗有些禪修底子，一聽是《金剛經》，便想測驗一下宣鑑的實力：「我有個好主意，我來問你一個《金剛經》的問題，你若答得出來，點心免費招待，若答不出來，就請到別的地方買去。」

對宣鑑而言，這還不容易，不要說整部《金剛經》他耳熟能詳，甚至都能倒背如流，於是爽快地說：「好呀！」

他心底暗忖：「我就看你這賣點心的老婆子能提出什麼好問題！」

老婆子便開口問：「《金剛經》有句經文：『過去心不可得，現在心不可得，未來心不可得。』不知道上座要點哪個心？」

眾生的妄想心念念不停，總在過去、現在、未來流轉不停，執著不放。事實上，所謂的過去、現在、未來，是心去分別它們而生起的，就整個存在而言，並非眞實。所以說：「過去心不可得」——過去已滅了，怎麼得到過去心呢？「現在心不可得」——現在瞬間即逝，你想抓住現在心，它立刻又快速溜走。「未來心不可得」——未來還沒發生，未來心又如何可得呢？老婆子問宣鑑要點哪個心？這即印證了她確有體悟，並非只是玩文字遊戲而已。

宣鑑被問得啞口無言，愣在原地，不知該如何回答。

原來宣鑑是以讀書的方式去研究經典，他對《金剛經》只有依文解義的了知，卻缺乏實修實證的了悟。若依文解義，那終究是他人的明珠，而非自家寶，所以南禪宗派才說「不立文字」，一定要自己去「明心見性」。

宣鑑怎麼也想不到一個賣點心的老太婆能問出這般深奧的問題，其悟道的功力絕對在他之上，只好汗顏地說：「我很佩服您，您的問題我答不出來，請告訴我，您是向哪一位大師學習呢？」

老婆子回答：「這附近有間龍潭寺，裡頭有位龍潭禪師，我向他學了一些道理。」

於是宣鑑不到南方了，挑著那一擔子轉往龍潭寺的方向，尋訪龍潭禪師去了。

你看見什麼？

就在夏日的第二聲蟬鳴響起時，挑著一擔子《金剛經青龍疏鈔》的德山宣鑑已經站在龍潭寺的大門了。

這龍潭寺看起來和一般鄉下寺廟差不多，幾間院落禪堂錯落在靜寂的竹林中，既無大叢林的恢宏格局，也沒有古道場的鼎盛香火，簡直樸素到了極點。

宣鑑心底不免叨念著：「這沒什麼嘛，比起我在四川的佛寺，眞是差太多了。」

宣鑑懷想從前開講《金剛經》時，被滿堂信眾簇擁包圍的熱鬧場面，那時每一個人都眼露崇拜的神情，對他的滿腹學識發出由衷敬佩。這是多麼榮耀的一刻，也是一只多麼令人難以捨棄的自我高帽啊！

在空無一人的小院子轉了一圈，宣鑑直接步入法堂，眼前出現一位老和尚，正是賣點心老婆子口中深不可測的龍潭崇信禪師，外表就跟這座禪寺一樣很簡單、很平凡。

宣鑑姿態甚高地向老禪師嗆了一句：「久聞龍潭的大名，想不到今日來到此地，既不見潭，也不見龍。」

龍潭崇信也不是省油的燈，平心靜氣地回答：「你已經身在龍潭了。」

這道理就像「不識廬山眞面目，只緣身在此山中」一樣，當然也拐了個彎數落宣鑑：是你有眼無珠，才會身在龍潭而不自知，因爲你沒有心眼去看，所以看不見龍潭（自性）的本來面目。用一般世俗的眼光，

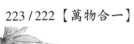

博學強記些經典上所說的佛法，就像瞎子摸象一般，你能真正看見什麼呢？不過是追逐虛幻的自我和美好的假相，被它們拖著跑而已。

果然宣鑑還是很有慧根的，經禪師這麼一說，他住嘴不語了，真正的大師往往一句話就讓你受用了。宣鑑把肩上的擔子放下，決定留在這裡，跟隨龍潭崇信學習他曾經視爲妖魔邪法——「明心見性」的頓禪。

轉眼秋季已至，天黑得更快、更早。

某日，宣鑑待在崇信禪師身邊隨侍一整天了，到黃昏猶不肯離去，崇信禪師對他說：「夜晚了，怎麼還不下去呢？」

宣鑑只好雙手作揖向老禪師道晚安：「師父，您自己珍重，徒弟告退了！」

他才剛出去，卻又把房門推開。龍潭崇信問：「怎麼了？」

宣鑑回說：「外面天黑，看不見路。」

龍潭崇信順手點起一根紙火，拿到門口遞給他。宣鑑伸手準備去取時，龍潭崇信忽然將火吹滅，周遭立時又陷入一片黑暗中。

面對龍潭崇信這突如其來的舉動，宣鑑當場頓悟，跪在地上對師父拜了又拜。

龍潭崇信忙不迭地問道：「你看見什麼？」

宣鑑高興地回答：「從今天起，我再不會懷疑天下老和尚的舌頭了！」

龍潭崇信爲什麼把火吹滅？

原來龍潭崇信要宣鑑莫依賴外面的光看清道路，我們每一個人心中都有自己的光，只要把自己的光放出來，即能照亮前程；那些文字經論就像用來照路的紙火一般，終究要吹熄它，才不會陷入文字障中，因爲那畢竟是別人的東西，而非自己的證悟，唯有放下它們，實際去修行，才能得到自家寶。

而黑暗中宣鑑又看見了什麼？

宣鑑看見了眞正的黑，以及在黑色中慢慢浮現、一清二楚的一切的一切，也就是整個究竟分明的浩瀚太虛。

隔天，開悟後的宣鑑將他那一擔子的疏鈔，全部堆在法堂前，拿起一把火炬燒得一乾二淨。

我們眼睛所見，往往都不是眞實，只有直接體驗，才能得到眞理。

一個燒餅。

還沒出家前，龍潭崇信是一個窮小子，他在天皇道悟的禪寺旁，擺了一個小攤賣燒餅。

因爲沒有住所，崇信只能窩在小攤邊上，露天而宿。道悟禪師得知後，便叫他住到寺中空出的一間小屋。

爲了感恩，崇信每天都會送十個燒餅給道悟禪師，可是道悟禪師收下後，每次都會還他一個，還說：「這是我給你庇蔭你的子孫。」

崇信覺得很奇怪，自己既然都送出十個燒餅了，哪會要禪師再還他一個，難不成禪師只要九個燒餅，所以才退還他一個？可是又不敢把供養的十個燒餅隨便少去一個，因爲這可是很沒禮貌的事。

有一天，他又接到一個被退回的燒餅，忍不住問道悟禪師：「師父，燒餅是我給您的，可是您每次都要還我一個，這是什麼意思？」

道悟禪師反問他：「你能給我燒餅，我就不能還你嗎？」

在道悟禪師眼中，崇信所供養的，不僅僅是燒餅而已，更是一份虔誠的清淨心，所以他也回饋這樣的心意，庇佑他的子孫。重點不是「還」，而是「給予」，意即人與人之間相互的關懷付出，不分你我、感同身受的慈悲心。

所以，道悟禪師既願意分出一間房子給崇信住，也願意還一個燒餅給他，這就是彼此共享的含意。

崇信聽了後，似有體會，一時間生起了求道之心，於是請道悟禪師爲他剃度。

道悟禪師順口說：「一生十，十生百，乃至百萬、千萬，諸法皆從一而生。」

崇信接著道：「一生萬法，萬法歸一。」

宇宙一切萬有，都在於一顆禪心，一個燒餅所生起的善根福報也是無量的。

道悟禪師點點頭，看崇信這孩子頗具慧根，決定收他爲徒。

變成一名出家人、不再靠賣燒餅爲生的崇信，轉眼在道悟座下也待了好幾年，可是卻一直有不得其門而入的疑惑。

每天，天亮了，他只是起床打掃煮飯洗衣，天黑了，便倒頭而眠，師父道悟禪師從未指導他任何的修行法門和心要。

「別人若問起，你師父教你什麼？我該怎麼說呢？」

原以爲一開始是沙彌身分，所以師父不教，只要做好自己的分內事即可，可是畢竟也出家多年了，當了正式的和尚，師父卻還是什麼都沒教導。

困擾萬分的崇信，終於跑去問道悟禪師：「師父，我跟隨您這麼久了，爲什麼您一直不肯指示我禪法心要呢？」

沒想到道悟禪師竟回答：「我每天都在指示你禪法心要，怎麼會沒有呢？」

崇信反駁他：「您哪裡指示我心要了？」

道悟禪師一五一十地舉例：「你端茶給我，我就接；送飯給我，我就吃；向我叩首，我就點頭；哪一樣不是在指示你呢？」

崇信仍不明白，沉思了好一會兒，道悟禪師又說：「不要再想東想西了，開悟是直接的，還要思考的話，就有所偏差。」

道悟禪師的這番話，總算讓崇信悟解了，他進而又問：「那要如何保持呢？」

道悟禪師回答：「任性逍遙，隨緣放曠，但盡凡心，別無聖解。」

在日常生活中，就算是一件平常事，也要盡心去做，不問結果，不求代價。在時間之流中，隨順際遇緣分，凡事莫強求，依著覺性處世，即能自在逍遙。

得到法要後的崇信，後來轉往湖南澧陽的龍潭山結庵說法，成爲德山宣鑑的師父。

四大本空。

說起來，中國最出名的一位禪師，不是別人，而是佛印了元禪師。

當然，這要拜大文豪蘇東坡之賜，若不是歷史上流傳著多則蘇東坡與佛印的幽默趣味公案，這位北宋的「神童」禪師，也不會在人們心中留下令人莞爾的深刻印象。

爲什麼說佛印是位「神童」呢？

據說他三歲就能流暢誦讀《論語》，五歲可以背出三千首詩。

可他並不是那種「小時了了，大未必佳」的泛泛之輩，長大後的他不僅博覽群經，能詩能文，還寫得一手好字，口才更是機鋒無礙。

很早就對空性深感興趣、嚮往追求般若智慧的佛印，少年時即隨寶積寺的日用禪師出家，十八歲受具足戒，十九歲將近二十歲時，更隻身前往廬山遊學。爾後傳承居訥禪師法脈，住持在雲居寺。

北宋神宗時期，蘇東坡因爲反對王安石變法，差點慘遭殺身之禍，後來被貶到湖北長江北岸的黃州，擔任團練副使，與江西九江廬山正好是一江之隔。

學佛多年、對禪法也頗有契悟的蘇東坡，是一位樂與禪師往來的文人雅士，因此和佛印也結下一段令人津津樂道的佛緣。

跨一個江水，他即可前往佛印同時住持的歸宗寺，去尋訪他的心靈知己，一同遊山玩水、吟詩作對，流放生活過得既瀟灑又開心。

這一天，蘇東坡穿著一身官服，腰間繫著一條玉帶，出巡完畢後，順便渡過長江，要找佛印喝茶聊天。

他來得不巧，佛印正準備登壇說法，放眼看去，整個殿堂座無虛席，前來聽法的信眾早將所有座位一一坐滿。

佛印只好向蘇東坡道歉說：「不知道學士要來，沒有特別安排座位，現在已無你坐的地方了。」

這兩人平時幽默慣了，蘇東坡便對佛印開個玩笑：「沒關係！既然沒有座位，那我就以禪師的四大五蘊之身爲座，借和尚的身體當我的座位好了。」

所謂的「四大」是指地水火風，佛教認爲世界萬物及人的身體等物質，都是由四大所組成。

而「五蘊」就是：色蘊、受蘊、想蘊、行蘊、識蘊。蘊是聚集的意思。這五蘊是構成人身的五種要素，第一種屬於物質（人的色身），後四種屬於精神（人的內心）。

蘇東坡這番話，一方面想展現自己的禪理，一方面丟球給佛印，看他怎麼回應。

佛印知道蘇東坡要跟他玩一下嘴上工夫，笑說：「這樣好了！我來問學士一個問題，答得出來，我的身體充當你的座位，答不出來呢，就請留下你身上的玉帶。」

蘇東坡一聽大樂，忙說：「好呀！」

佛印便問：「佛陀說：『四大本空，五蘊非有。』我的身體既是虛空，無一實在可得，請問學士要坐在哪裡呢？」

佛陀成道後，爲破除眾生「執我爲有」的迷思，故對宇宙世間的諸法萬象提出「四大本空，五蘊非有」的說法，意即我們的色身是地水火風四大假合而成，所以本來是空，既然四大本空了，五蘊就更非實有，能有這樣的體悟，正是《心經》所言「照見五蘊皆空」的般若智慧了。

蘇東坡聽了之後，當場不知如何回答，只好脫下玉帶，交給了佛印禪師。

事後，蘇東坡還為此寫下一首詩偈送給佛印：「百千燈作一燈光，儘是恆沙妙法王；是故東坡不敢惜，借君四大作禪床。」

佛印也回他一首謝偈：「石霜奪取裴休笏，三百年來眾口誇；爭似蘇公留玉帶，長和明月共無瑕。」傳為千年美談。

大千世界一禪床。

在一個風清雲淡的日子裡，悠然搖扇的佛印禪師，獨自山間散步歸來，收到童子捎來一封箋函，書信者不是別人，正是蘇東坡先生。

信箋中寫道：「明日午時，我將來寺，禪師可如趙州迎趙王一般，不必來接。」

佛印閱完後，莞爾一笑，對送信的童子說：「你回去跟學士說我知道了！」

關於「趙州迎趙王」的公案是這樣的——

仰慕趙州禪師盛名已久的趙王，有一回親自到禪院參見老禪師，可

是趙州不僅沒有出門迎接，還賴在床上不起。

趙王只好跑到床邊向趙州頂禮，一副才剛睡醒的老禪師對趙王說：「不好意思，我年紀大，身體虛弱不堪，只好躺在床上接見你。」

趙王不以為意，回去後立刻派使者送一些補品和禮物給趙州禪師，不多久，當使者來到山門時，趙州禪師已經穿好袈裟，站在大門迎接。

弟子們都覺得很奇怪，問師父說：「趙王剛才來時，你躺在床上不去迎接，現在他的使者送禮物來了，你反而跑去迎接，這是什麼意思呢？」

趙州笑答：「對於上等的賓客，我用本來面目接見他，次等的賓客，我就坐著接見，更次一等的世俗之輩，我就以世間俗套在門口迎接。」

而近日無事讀書的蘇東坡，正好讀到這則公案，便心血來潮，要佛印效法趙州禪師迎接趙王的方式，以最高規格「不接而接」的方式來迎接他，表示自己可是與佛印交情匪淺的上等賓客。

隔天中午，蘇東坡果然乘一艘木筏，翩翩渡江而來，還沒到山門，遠遠就看見佛印禪師頂著大太陽，站在那裡恭敬等候。

蘇東坡走上前，逮住機會，對佛印來個下馬威：「看來禪師的道行不過爾爾，既無趙州禪師的深遠境界，亦無他老人家的豁達氣度，還不免俗套地跑來接我，難不成把我當做是下等賓客。」表面一派責難的嚴肅樣子，心底卻暗自高興，等著看佛印出糗。

佛印搖扇說：「哪裡，哪裡！學士是佛印的上等賓客，當然是以最上等之禮迎接。」

蘇東坡回問：「此話怎講？」

佛印慢悠悠地答了一首佛偈：「趙州當日少謙光，不出山門迎趙

王；怎似金山無量相，大千世界一禪床。」聰明的蘇東坡一聽，知道自己又屈居下風了！

原來佛印這首偈子的意思是：

趙州那天不起床迎接趙王，是自己不夠謙虛，故作姿態，不懂得待客之道，哪是什麼灑脫的禪意？又如何能比上我所展現的無量之相。

我跑來山門迎接你，並非落入俗套，而是有更高妙的意境，你不要以爲我眞的起床了，事實上整個大千世界盡虛空、遍法界，都是我的禪床，我仍是躺在廣大的床上接見你呢！而你只看得到肉眼的床，卻未見識到無限的禪床。

調侃不到佛印的蘇東坡，只好尷尬地一笑，隨著來接他的佛印，步入禪寺喝茶去了。

雖然這是則詼諧的禪宗插曲，但從佛印的詩偈中，也讓我們領略到，永遠要保持心中的超然高度，隨處自在，不要忘記我們一直身在廣闊的禪床中，就算落入世俗，也可以不被世俗的人情事物給困住，擁有無量的胸襟，即能超越這一切。

與世事打成一片。

北宋末年，東山惠雲院塑立了一座釋迦牟尼佛像，有一位丁生向寺內僧人說：「以後惠雲院將出現一位大師，待這座佛像有難時，他就會出現。」

事隔幾年後，忽然一個夜晚，一名竊賊溜進佛寺，偷走佛像肚內的寶物，驚動了所有人。

就在這一年，十七歲的大慧宗杲來到惠雲院出家了，住持惠齊法師一見到他，眼睛一亮，知道當年丁生所說的預言應驗了。

因爲這孩子渾然天成的機鋒和聰慧，如同天上的極星般無人能及，而且他一讀到雲門禪師語錄，就像前世早已讀過，過目不忘。

後來當惠齊法師沒什麼可以再教他時，便任他走訪諸山、遊學各方去了！於是大慧宗杲跑去寶峰山，向湛堂文準禪師學禪。

雖然大慧引經據典，表現出銳不可當的無礙辯才，深得文準禪師的賞識，但文準也不客氣地對大慧說：「你還沒有悟入，只用頭腦的思維去理解禪，將落入所知障的禪病。」

有一天，文準禪師無意間看見大慧手上的指甲修長未剪的樣子，不以爲然地問大慧：「最近擦拭廁所污垢的刷子，應該不是你洗的吧！」

大慧一聽，心中一陣慚愧，自己自顧著修禪，卻忘記日常細事——洗一只碗、刷個馬桶等等也需要好好照料。

禪不在遠處，生活也不在他方，道就藏在每天醒來眼之所及的青菜豆腐與鍋碗瓢盆中。

經過這一番教訓後，大慧更加勤奮用功，不僅把指甲剪短，還替同修黃龍忠道洗了九個月的廁所。

文準禪師臨終時，擔心愛徒無所依歸，特地囑咐大慧：「去找圓悟克勤。」

大慧辦完文準禪師的後事，穿著草鞋，一路行乞千里，來到四川拜見前宰相張無盡居士，請他爲師父書寫塔銘。

對於大慧的悟境，張無盡雖認爲已達上乘之境，但也建議他去找圓悟克勤禪師印證一番。

終於在北宋滅亡、南宋偏安江南的一刻，圓悟克勤禪師隨著皇帝南下，大慧得以親近這位臨濟禪宗的傳承者。

兩個月後，圓悟禪師爲大慧點悟，說了一則公案：「有一個僧人向雲門請問：『如何是諸佛出身處？』雲門回答：『東山水面行走。』但若有人這樣問我，我會說：『薰風自南來，殿閣生微涼。』」

意即：禪包羅四面八方，並非唯一，更沒有標準答案。

大慧一聽，當下一片清朗，以後每天參研禪宗公案。後來一天，大慧又問圓悟：「聽說您曾向師公五祖法演請問禪理，還記得當時說了些什麼嗎？」

圓悟回答：「我那時問他：『有句無句，如藤倚樹。是什麼意思？』法演回答：『描也不成，畫也不就。』我又問：『樹倒藤枯又是什麼呢？』法演說：『相隨而來。』」

以上兩段的要義是：佛法眞理要自己去體會參究，而非盲目依賴他人的經驗或文字所說，我們只能是我們自己，而無法成爲別人，否則畫虎不成反類犬，只有破除成見，才能撥雲見日、明心見性。

大慧頓然開悟，日後他創立的「看話禪」，便以「疑」爲先決條件，以參「無」字公案為重點，並認為禪可以和世事打成一片，而非執意求靜，求出世間，就算娶妻當官也可以參禪開悟。

一如他所說：「晝三夜三，孜孜矻矻，茶裡飯裡、喜時怒時，淨處穢處、妻兒聚頭處，與賓客相酬酢處，辦公家職事處，了私門婚嫁處，都是第一等做工夫提撕舉覺底時節。……又何曾須要去妻孥、休官罷職、咬菜根、苦形劣志、避喧求靜，然後入枯禪鬼窟裡作妄想，方得悟道來？」

夢幻空花。

禪宗發展到了宋代，除了大慧宗杲的「看話禪」外，另一與它齊名的就是宏智正覺所創立的「默照禪」。這兩位並駕齊驅的一代禪師，對於當時禪宗的影響之深，正如唐朝的馬祖道一和石頭希遷一般。

以「靜坐守寂」做爲悟道唯一方式的默照禪，更迎合了南宋士大夫厭鬧求靜、擺脫世俗的需求。那時跑到天童寺向住持宏智正覺習禪的人，達數千人以上，往往一踏入天童寺，便可目睹「禪毳萬指，默座禪床，無謦欬者」的空前盛況，而正覺本人更是「晝夜不眠，與眾危坐」。

這可惹火了大慧宗杲，毫不客氣地批評默照禪爲邪禪，因爲默照禪「無言無說，良久默然」的主張，正好與看話禪所提倡「參破疑團、投入世俗」的精神完全相反。雖然如此，兩位禪師的私人交情卻好得很。

有一年，大慧的寺院已無飯可吃，正覺立刻派人送去大批白米，解除他缺糧的危機。當正覺得知自己不久人世時，也寫信給大慧請他辦理後事。

正覺圓寂後，大慧稱讚他：「起曹洞於已墜之際，針膏肓於必死之時。善說法要，罔涉離微。」不僅是天童老古錐，而且「妙喜知音更有誰」。

和大慧一樣，正覺從小也是資優生。

他的父親和祖父皈依佛陀遜禪師多年，一天，禪師向他父親說：「正覺這孩子不是塵埃中人，而是一個大法器。」

十一歲剃度出家的正覺，在十八歲那年向他的祖父告別：「我這次外出參學，沒有開悟的話，絕不返回家門。」

正覺抱著破釜沉舟的決心，開始他的少年壯遊之旅。後輾轉來到汝州（河南臨汝）香山寺，向枯木法成禪師學習五年的枯木禪，爲日後的默照禪奠下基礎。

廿三歲時，他又到鄧州（河南鄧縣）丹霞山，拜丹霞子淳爲師。

丹霞點撥他說：「什麼是空劫以前的自己呢？」

正覺回答：「井底蝦蟆呑卻月，三更不借夜明簾。」

丹霞搖頭：「沒答上，再說一次。」

正覺想了想，正準備說時，被丹霞用拂子打了一下：「當下道出，不假思索。」因爲一思索的話，就落入念頭，產生偏差。

正覺一聽大悟，斷除所有疑惑，向丹霞深深一拜，丹霞又問他：

「何不再說一句呢？」

正覺笑說：「我今天已經丟錢，遭到罪責了。」

丹霞也笑說：「你去吧！今日沒空暇打你了。」印證了正覺的開悟。

宋徽宗時，世局混亂，正覺跟著丹霞禪師移往大洪山，開始弘揚禪法。

長蘆的眞歇清了禪師，也派僧人迎請他前往說法，一看到遠來的正覺穿著蔽衣破鞋，特地吩咐侍者拿新鞋爲他換上，沒想到正覺婉拒說：「我是爲新鞋來的嗎？」

往後正覺禪師駐錫天童山三十年，將所有的殿堂全部煥然一新，自己卻素樸如常，不僅粗茶淡飯，過午不食，連住的方丈室，也跟他身穿的衣物一樣簡陋極了，信徒所供養的東西，他都送給其他僧眾，自己不留一物。

對物質的少欲，更襯托禪師的樂天知命。

有一天，因來寺投靠的僧侶太多，連庫房的白米都要吃光了，弟子急得跑去稟報，正覺卻不以爲意對大家說：「人各有口，非你所擔心的。」

話才說完，看門的僧人就跑來說：「護法嘉禾錢氏運來千斛白米，船已經抵達岸邊了。」

九月秋涼時節，六十七歲的老禪師忽然動身前往京城，拜見經常往來的護法官員和居士，十月七日他回到山上，照樣吃飯見客。

第二天，沐浴更衣後，寫了一封信要人交給大慧。

對眾又寫了一首詩偈：「夢幻空花，六十七年；白鳥煙沒，秋水連天。」

筆一放下，便瀟脫離開人世了，爲自己六十七年的一生，做了最美

的註解。

所有美好與迷人的事物，終究難以持久，就像夢幻空花、白鳥煙沒一般，消失在連天的秋水中。

《默照銘》——宋・宏智正覺／文

默默忘言，昭昭現前。鑒時廓爾，體處靈然。
靈然獨照，照中還妙。露月星河，雪松雲嶠。
晦而彌明，隱而愈顯。鶴夢煙寒，水含秋遠。
浩劫空空，相與雷同。妙存默處，功忘照中。
妙存何存？惺惺破昏。默照之道，離微之根。
徹見離微，金梭玉機。正偏宛轉，明暗因依。

依無能所，底時回互。飲善見藥，檛塗毒鼓。
回互底時，殺活在我。門裡出身，枝頭結果。
默唯至言，照唯普應。應不墮功，言不涉聽。
萬象森羅，放光說法。彼彼證明，各各問答。
問答證明，恰恰相應。照中失默，便見侵凌。
證明問答，相應恰恰。默中失照，渾成剩法。
默照理圓，蓮開夢覺。百川赴海，千峰向岳。
如鵝擇乳，如蜂採花。默照至得，輸我宗家。
宗家默照，透頂透底。舜若多身，母陀羅臂。
始終一揆，變態萬差。和氏獻璞，相如指瑕。
當機有準，大用不勤。寰中天子，塞外將軍。
吾家底事，中規中矩。傳去諸方，不要賺舉。

香菇與辨道。

豔陽高照的好日子裡，一艘載滿香菇、來自日本的大船，停泊在宋朝明州（寧波）平靜無波的港口，任微微的浪花輕輕拍打船身。

甲板上，一名年輕的日本僧侶站著吹風，無事可做。

他名字叫做道元，這次是和師兄明全相偕搭商船來中國學習禪法，可惜出家的年份還不足具在佛寺掛單的資格，無法跟隨明全同赴天童山，只能暫且在船上等候。

港口間充斥著各種吵雜的聲音，道元已經聽慣了，一點也不以爲意，倒是擁擠的人群中意外出現一位揹著簍筐的老僧人，令他眼睛爲之一亮。老僧步履蹣跚地穿過碼頭工人，踏上通往甲板的木梯子，來到這艘商船上。

道元好奇地跑去迎接，不知這位中國老和尚爲何出現此處，不會是明全託他捎來訊息吧！

一問，結果不是，老和尚回答說：「我叫有靜，是阿育王道場負責伙食的典座，今天特地來買香菇。」

雖然不是爲自己而來，能夠巧遇同道中人，也是件令人開心的事。道元趕忙爲有靜老典座遞上茶水，聊起此行來中國的目的。

有靜勉勵道元：「很好，趁年輕多遊歷學習是件好事。像我出家已經四十年，年紀已六十一歲，雖然遍學各方，卻是虛度光陰，未曾契入。後來我到了阿育王寺拜孤雲權禪師爲師，直到去年夏天安居結夏時，才被任命爲典座。明天是五月初五端午節，照例講經完畢要宴請所

有僧人，我想做一道丸子料理，但少了香菇熬湯底，所以才來這裡買上等的香菇。」

兩人談得很投緣，道元便邀請有靜留下用齋：「待會兒買好香菇後，何不讓我供養您一頓齋飯。」

有靜搖頭：「不行！我得趕回去準備明天的齋席，把丸子一個個先捏好，否則會來不及。」

老典座的精神，令道元十分佩服：「可是阿育王寺沒有其他僧人可以分擔您的工作嗎？您年紀這麼大了，凡事還要親自操勞？」

有靜嚴肅地回答：「話不能這麼說，正如您所說，我年紀這麼大了，才領到這份差事，這是我此生最後的辦道①，怎能輕易視之，讓別人代勞。」

道元嘆了一口氣，又說：「話雖不錯，可是以您的高齡，應該在佛

---

①修行之意。

寺打坐修行，再不然參研公案，又何必爲了買香菇做料理這點小事，如此拚了老命往返奔波。」

有靜走向一袋香菇堆中，邊挑香菇邊笑說：「日本遠來的朋友啊！那您就有所不知了！『文字』和『修行』是不同的，我歡喜來買香菇，揑丸子做齋飯，就是眞正的修行哩。」

這番話敲醒了道元，他趕忙問道：「什麼是『文字』？什麼是『修行』？」

老典座遞給他一顆香菇：「我趕時間，下次有機會再說吧！」

過了一段時間，道元如願地進入天童山景德寺，和明全一起投入無際了派禪師座下學禪。另一個豔陽高照的好日子，他在廊下看見名叫用的老典座頂著大太陽，正在曬香菇，汗水從他的額頭一直流到腳底。

道元不忍心地說：「老師父，不要這麼辛苦，叫其他的沙彌去曬香菇好了。」

用繼續忙著，回答：「別人做好的事是別人的，不算我的工作。」

道元知道這又是一位認真的典座，只好說：「那就等陽光小點，再曬吧！」

用忙不迭地說：「現在是曬香菇最好的時刻，錯過了，還曬什麼香菇呢？」

不久，之前在船上偶遇的有靜老典座，來天童山向道元辭行。

「我已經圓滿典座的工作，現要返鄉，今天特地來向您道別，順便回答上次您問我的問題。文字和修行最大的不同，一個是知識，一個是行動，世界上所有的事物，不分大事小事，都是我們修行的對象，所以說用辦道的精神，也可以烹調出精進的料理，這就是所謂的修行。」

　　爾後，道元走遍中國名山叢林，繼承如淨禪師法脈。返日後，開創日本的曹洞宗和齋粥風氣，成爲日本精進料理之始，他在《典座教訓》一書中，詳實記錄著典座對他的啓發——修行者的心，總在每一個不爲人知的細微處。

國家圖書館出版品預行編目資料

退步原來是向前：45 則淨化人心、創造豐盛的禪宗故事／鄭栗兒著
──初版 ──臺中市：好讀，2014.12
面： 公分，──（經典智慧；59）

ISBN 978-986-178-335-2（平裝）

1. 禪宗 2. 佛教修持

224.515 103020283

好讀出版

經典智慧 59

退步原來是向前：45 則淨化人心、創造豐盛的禪宗故事

作　　者／鄭栗兒
內頁插畫／徐銘宏
封面書名題字／鄭栗兒
總 編 輯／鄧茵茵
文字編輯／簡伊婕
美術編輯／許志忠
發 行 所／好讀出版有限公司
台中市 407 西屯區何厝里 19 鄰大有街 13 號
TEL:04-23157795 FAX:04-23144188
http://howdo.morningstar.com.tw
（如對本書編輯或內容有意見，請來電或上網告訴我們）
法律顧問／甘龍強律師
承製／知己圖書股份有限公司 TEL:04-23581803

戶名：知己圖書股份有限公司
劃撥專線：15060393
服務專線：04-23595819 轉 230
傳眞專線：04-23597123
E-mail：service@morningstar.com.tw
如需詳細出版書目、訂書、歡迎洽詢
晨星網路書店 http://www.morningstar.com.tw

印刷／上好印刷股份有限公司 TEL:04-23150280
初版／西元 2014 年 12 月 1 日
定價／ 250 元
如有破損或裝訂錯誤，請寄回臺中市 407 工業區 30 路 1 號更換（好讀倉儲部收）

Published by How-Do Publishing Co., Ltd.
2014 Printed in Taiwan
ISBN 978-986-178-335-2

讀者回函

只要寄回本回函，就能不定時收到晨星出版集團最新電子報及相關優惠活動訊息，並有機會參加抽獎，獲得贈書。因此有電子信箱的讀者，千萬別吝於寫上你的信箱地址

書名：我心不安

姓名：______________ 性別：□男 □女　生日：____年____月____日

教育程度：__________________________

職業：□學生 □教師 □一般職員 □企業主管

□家庭主婦 □自由業 □醫護 □軍警 □其他______________________

電子郵件信箱（e-mail）：________________________ 電話：________________

聯絡地址：□□□ ____

你怎麼發現這本書的？

□書店 □網路書店（哪一個？）__________________ □朋友推薦 □學校選書

□報章雜誌報導 □其他 ____

買這本書的原因是：____

□內容題材深得我心 □價格便宜 □封面與內頁設計很優 □其他____________

你對這本書還有其他意見嗎？請通通告訴我們：

____

你買過幾本好讀的書？（不包括現在這一本）

□沒買過 □ 1 ～ 5 本 □ 6 ～ 10 本 □ 11 ～ 20 本 □太多了

你希望能如何得到更多好讀的出版訊息？

□常寄電子報 □網站常常更新 □常在報章雜誌上看到好讀新書消息

□我有更棒的想法 ____

最後請推薦五個閱讀同好的姓名與 E-mail，讓他們也能收到好讀的近期書訊：

1. ____

2. ____

3. ____

4. ____

5. ____

我們確實接收到你對好讀的心意了，再次感謝你抽空填寫這份回函

請有空時上網或來信與我們交換意見，好讀出版有限公司編輯部同仁感謝你！

好讀的部落格：http://howdo.morningstar.com.tw/

請填妥後對折黏貼，直接投郵即可，無須貼郵票。

廣告回函
台灣中區郵政管理局
登記證第 3877 號
免貼郵票

好讀出版有限公司　編輯部收

407 台中市西屯區何厝里大有街 13 號
電話：04-23157795-6　傳眞：04-23144188

沿虛線對折

購買好讀出版書籍的方法：

一、先請你上晨星網路書店http://www.morningstar.com.tw檢索書目或直接在網上購買

二、以郵政劃撥購書：帳號15060393 戶名：知己圖書股份有限公司並在通信欄中註明你想買的書名與數量

三、大量訂購者可直接以客服專線洽詢，有專人爲您服務：
客服專線：04-23595819轉230 傳眞：04-23597123

四、客服信箱：service@morningstar.com.tw